Ralph L. Kliem/Irwin S. Ludin

Das Noah-Projekt

Ralph L. Kliem/Irwin S. Ludin

Das Noah-Projekt

Bärenstarkes Projektmanagement

verlag
moderne industrie

Die Deutsche Bibliothek – CIP-Einheitsaufnahme

Kliem, Ralph L.:
Das Noah-Projekt: bärenstarkes Projektmanagement/Ralph L. Kliem; Irwin S. Ludin. [Aus dem Engl. von Beate Gorman].– Landsberg/Lech: Verl. Moderne Industrie, 1994
ISBN 3-478-34720-3
NE: Ludin, Irwin S.:

Umschlaggestaltung: Nik Spender, Großbritannien
Satz: Himmer, 86008 Augsburg
Druck und Bindearbeiten: Pustet, 93051 Regensburg
Printed in Germany 340 720/0394301
ISBN 3-478-34720-3

Inhaltsverzeichnis

Einleitung

Projektmanagement ist für viele Menschen ein Buch mit sieben Siegeln. Deswegen versucht das *Noah-Projekt* Lesern aus allen Sparten und Industriezweigen Konzepte, Werkzeuge und Techniken des Projektmanagements zu vermitteln. Sie werden leicht lernen, wie Sie ein Projekt von Anfang bis Ende planen, organisieren, kontrollieren und führen müssen – effizient, effektiv und mühelos.

Obwohl die Charaktere und Ereignisse frei erfunden sind, lassen sich die Informationen in allen Kapiteln auf die Wirklichkeit anwenden. Die Geschichte erklärt das Projektmanagement aus dem Blickwinkel von David Michaels, einem jungen leitenden Angestellten in einem Privatzoo. Er muß die Auflösung des Zoos zu einem erfolgreichen Abschluß bringen. Dabei findet er einen Mentor, Noah, der ihn während des Projektes anleitet.

Wir haben einen Zoo als Beispiel gewählt, um zu zeigen, daß Projektmanagement überall eingesetzt werden kann. Wir haben Noah ausgewählt, um dem Projektmanagement eine einzigartige Perspektive zu verleihen und um die Phantasie der Leser zu beflügeln. Jeder kennt die Geschichte der Arche. Zur Realisierung dieses Projektes muß ein Wunder stattgefunden haben – oder hat vielleicht schon damals Projektmanagement eine Rolle gespielt?

Aus David Michaels Erfahrung und Noahs Weisheit gibt es einiges zu lernen:

- für die *Planung:* Entwurf einer Vereinbarungserklärung, Definition der Ziele, Aufstellen von wichtigen Schätzungen, Arbeitsgliederungsstrukturen und Zeitplänen und Identifizierung des kritischen Pfades
- für die *Organisation:* Optimierung der Ressourcennutzung, Zuteilung der Aufgaben und Kompetenzen und Erstellung eines Projekthandbuches

- für die *Kontrolle:* Reaktion auf sich verändernde Bedürfnisse, Sammeln von Informationen zur Lage, Lagebesprechungen und effiziente und effektive Durchführung von Besprechungen
- für die *Führung:* Handhabung und Lösung von Problemen mit der Arbeitsmoral und Ermutigung zur Teamarbeit

Nehmen Sie also Platz, und blättern Sie weiter, um mehr über die Geheimnisse des praktischen Projektmanagements zu erfahren.

Ralph L. Kliem Irwin S. Ludin

1

Agieren, nicht reagieren

David Michaels saß hinter seinem Mahagonischreibtisch, legte die Füße auf die Tischplatte und verschränkte die Arme hinter dem Kopf. Völlige Ruhe erfüllte ihn, und das hatte seinen guten Grund. Alles im Zoo lief wie am Schnürchen – es gab keinerlei Probleme. Als Manager der Planungs- und Entwicklungsabteilung des Zoos hatte er alles unter Kontrolle. Mit seinen 26 Jahren und seinem MBA-Abschluß an einem Ivy-League-College vor zwei Jahren hätte es ihm nicht besser gehen können. Nichts, so meinte er, konnte ihn aufhalten.

Plötzlich hörte er, wie jemand die Klinke an seiner Bürotür herunterdrückte und die Tür aufstieß. Ein übergewichtiger Mann mit schütterem Haar, der so um die 55 war, trat ein. Eine braungraue Rauchfahne, die aus der dicken Zigarre in seinem Mund hochstieg, zog sich hinter ihm her.

»Ich habe schlechte Nachrichten«, erklärte Harrison Farnsworth, der Geschäftsführer des Zoos und Davids Chef, während er sich über den Schreibtisch lehnte.

»Schlechte Nachrichten? Was gibt es denn?« fragte David, nahm die Beine vom Schreibtisch und setzte sich aufrecht hin.

»Die Yuggenheims wollen den Zoo verkaufen«, erklärte Harrison, bevor er sich einen Stuhl an den Schreibtisch heranzog und sich setzte.

»Was hat das schon weiter zu besagen? Wenn die neuen Besitzer uns nicht weiter beschäftigen wollen, suchen wir uns eben eine Stelle in einem anderen Zoo«, sagte David, »und die neuen Besitzer werden sich um diese Anlage kümmern.«

»Nein, so einfach ist das nicht«, erwiderte Harrison und drückte seine Zigarre in dem Aschenbecher auf Davids Schreibtisch aus. »Die Familie hat den Besitz an die Habeas Corporation verkauft. Es handelt sich um ein großes, multinationales Unternehmen, das das Gelände in eine riesige Müllhalde für Industrieabfälle verwandeln will. Der ganze Boden könnte schließlich mit verseuchtem Wasser verunreinigt werden.«

»Das kann ich einfach nicht glauben!«

»Was Sie glauben, spielt weiter keine Rolle. Tatsache ist, daß die Yuggenheims den ganzen Zoo auflösen und abreißen lassen wollen, bevor das Land an das Unternehmen übergeben wird«, erklärte Harrison, während ein Lächeln über sein Gesicht huschte. »Und sie wünschen, daß wir dieses Projekt als Gegenleistung für eine Weiterbeschäftigung in einer ihrer anderen Firmen übernehmen. Man hat versprochen, unsere Gehälter in der neuen Stellung zu verdoppeln.« Das Lächeln verschwand wieder. »Aber wenn wir versagen, gibt es keinen neuen Job, keine Zukunft, kein Geld!«

»Und was geschieht mit den Tieren?« fragte David. »Ich liebe diese Tiere. Wer wird sich um sie kümmern? Wohin kommen sie? Wann müssen sie umziehen? Die Aufgabe ist unmöglich. Ich kann es einfach nicht glauben!«

»Alles hängt davon ab, wie gut Sie dieses Projekt managen.«

»Wie gut ich dieses Projekt manage?« fragte David,

während es ihm kalt den Rücken hinunterlief. »Was soll das denn heißen?«

»Das heißt, daß Sie der Projektmanager sind. Ich habe noch anderes zu erledigen, bevor dieser Grund und Boden an das Unternehmen übergeben wird. Das Schicksal dieses Zoos liegt in Ihren Händen«, betonte Harrison, bevor er sich erhob. »Sie haben zehn Monate lang Zeit, dieses Projekt zu vollenden. Je früher Sie damit beginnen, desto besser für Sie und die Tiere. Ich habe andere Dinge zu erledigen. Wenn Sie noch Fragen haben, können Sie jederzeit zu mir kommen. Ich werde Sie hin und wieder aufsuchen, um zu sehen, wie es läuft. Auf Wiedersehen und viel Glück.« Mit diesen Worten drehte er sich um und eilte aus dem Büro.

David hatte fast das Gefühl, daß ihn nach diesem Wechselbad der Gefühle eine manische Depression heimsuchte. Wo fange ich an? Was tue ich zuerst? Ich glaube, ich muß auf ein Wunder hoffen, dachte er. Zum erstenmal in seinem Leben fühlte er sich wie gelähmt und war kaum in der Lage, sich aus seinem Sessel zu erheben.

2

Ein Projekt ohne Plan und Ziel ist wie ein Fisch ohne Wasser

David stütze die Ellbogen auf einem Zaun auf und begann, die Enten zu füttern, die in dem Teich umherschwammen. Die Gedanken in seinem Kopf waren so ziellos wie die Schwimmbewegungen der Enten im Wasser.

»Ich kann es einfach nicht glauben. Hier in diesem Zoo leben über 3000 Tiere. Wir haben alles, angefangen bei Kakadus bis hin zu Känguruhs, von Kaninchen bis zu Piranhas. Was soll ich bloß tun? Ich habe nicht die geringste Ahnung, wo ich anfangen kann. Mein Kopf wird von Einzelheiten nur so überflutet«, murmelte David.

»Sagten Sie etwas von einer Flut, junger Mann?« fragte ein alter Mann. Eine marineblaue Fischermütze bedeckte sein silbergraues Haar, das bis an seinen Halsansatz herabfiel. Sein Bart paßte von der Farbe und Länge her zu seinem Haar. Aus der Tonpfeife, die im Mund des Alten steckte, stiegen Rauchwölkchen auf, die nach Kirsche rochen. An den Füßen trug er braune Lederslipper.

»Wie bitte?« David trat einen Schritt zurück, weil er den Mann für einen dieser Landstreicher hielt, die auf der

Straße um Geld betteln. Er fragte sich, wie dieser merkwürdige alte Knabe überhaupt in den Zoo gekommen war.

»Flut. Haben Sie nicht etwas von einer ›Flut‹ gesagt?« fragte der alte Mann erneut und rückte etwas näher an David heran.

»Ja. Warum interessiert Sie das?« Was für ein neugieriger alter Bursche, dachte David.

»Ich kenne mich mit Fluten aus. Und damit meine ich nicht das Überlaufen des Wasserkastens«, erklärte der Mann. »Schließlich habe ich einmal eines der größten Segelschiffe aller Zeiten befehligt, und zwar während einer Flut. Damals, '48.«

»1948 gab es keine große Überschwemmung«, sagte David. Was für ein merkwürdiger Typ, dachte er, bevor er sich umdrehte, um wegzugehen.

»Warten Sie. Doch, es gab '48 eine Flut. Ich meine 2448 v.Chr.! Die große Flut. Es regnete 40 Tage und 40 Nächte lang, und das Wasser ging erst 150 Tage später zurück. Ich bin Noah. Vielleicht haben Sie schon mal von mir gehört?«

»Noah? Sie machen wohl Witze!« David blieb stehen und starrte den alten Mann an. »Sie sind dieser alte verrückte Typ, von dem die Bibel erzählt? Der Mann, der sein Boot mit allen möglichen Tieren vollgestopft hat, um sie vor der Sintflut zu schützen? Das glaub' ich Ihnen nicht.«

»Doch, genau der bin ich. Die meisten Menschen haben von mir und meiner Geschichte gehört.«

»Wenn Sie Noah sind, können Sie mir vielleicht eine einfache Lösung für mein Problem vorschlagen.«

»Eine Lösung kann ich Ihnen vorschlagen, aber ob sie einfach ist, dessen bin ich mir nicht sicher«, erklärte Noah. »Wissen Sie, für eine einfache Lösung bedarf es einer Kombination aus Erfahrung, Wissen, Geschick, Timing und Glück. Diese Faktoren ermöglichen es Ihnen zusammen mit vier speziellen Geheimnissen, Erfolg zu haben. Auf diese

Weise habe ich die Arche gebaut. Wahrscheinlich wissen Sie noch aus der Bibel, daß die Arche groß war. Aber wissen Sie auch, wie groß?«

»Groß genug, um Ihnen und Ihrer Familie, allen Tieren, Lebensmitteln für die Fahrt und einem Bereich für Abfälle Platz zu bieten. Also denke ich, daß sie etwa die Größe eines Fußballstadions gehabt haben dürfte.«

»Gut geraten, mein Junge. Sie sind ganz nah dran. Die Arche war etwa 450 Fuß lang, 75 Fuß breit und 45 Fuß hoch. Das entspricht etwa dem Raum, den 570 der heutigen Eisenbahnwaggons einnehmen. Unbeladen hatte sie ein Gewicht von 25 Millionen Pfund. Sie war schon ein schönes Schiff«, erzählte Noah, und ein stolzes Lächeln huschte über sein Gesicht.

»Okay, genug von diesen Erinnerungen. Um was für Geheimnisse geht es da? Ich habe nicht den ganzen Tag lang Zeit, einem alten Mann zuzuhören, der behauptet, Noah zu sein«, bemerkte David schroff.

»Sie sind schon ein reizbarer junger Mann. Und furchtbar in Eile. Das muß ja eine recht wichtige Sache sein, an der Sie da arbeiten. Ich mag Sie, aber Ihre Manieren könnten ein wenig besser sein. Wissen Sie was, ich werde Ihnen helfen«, erklärte Noah.

»Natürlich. Erzählen Sie weiter. Ich kann jede Hilfe gebrauchen.«

»Jetzt, wo Sie wissen, wie groß meine Mühe war, sollten Sie raten, wie lange es gedauert hat, die Arche zu bauen. Ich gebe Ihnen auch einen kleinen Tip: Mir standen die ganze Zeit über drei Mitarbeiter zur Verfügung«, fuhr Noah fort.

»Also, wir wollen mal sehen... mmmh... drei vollbeschäftigte Männer für zwölf Monate minus Urlaub und krankheitsbedingte Fehlzeiten mal Produktivitätsfaktor ergibt... meiner Schätzung nach so etwa zehn Jahre«, antwortete David.

»Sie sind nicht einmal nah dran. Es waren auf den Tag genau 120 Jahre. Wie ich bereits erwähnt habe – es war ein sehr schönes Boot.« Noah schaute gen Himmel, als erhielte er eine Berufung von Gott, bevor er dem jungen Mann direkt in die Augen schaute.

»Also gut, Sie haben einen gewissen Ruf, und ich nehme Ihr Hilfsangebot an«, sagte David. »Was habe ich schon zu verlieren? Wie lautet also das erste Geheimnis?«

»Indirekt kennen Sie das erste Geheimnis bereits, denn auf Umwegen haben Sie es eigentlich schon mehrere Male erwähnt. Sie haben nur noch nicht erkannt, daß es ein Geheimnis ist. Worum genau geht es bei Ihrem Auftrag? Was sollen Sie erreichen?« fragte Noah. Er führte David zu einer Bank gegenüber dem Teich und setzte sich.

»Was meinen Sie damit – was ich erreichen soll? Ich muß alle Tiere aus dem Zoo entfernen und die gesamten Zooeinrichtungen abbauen, bevor der Grund und Boden an die Habeas Corporation übergeben wird. So einfach ist das.«

»Sie meinen, das ist alles, ja? Haben Sie das schriftlich?«

»Wovon sprechen Sie überhaupt?« fragte David. »Nein, es ist nirgendwo schriftlich festgelegt. Mein Chef hat mir heute morgen den Auftrag gegeben.«

»Haben Sie schon mal einen Jura-Kursus belegt oder Polizei- oder Detektivserien im Fernsehen gesehen? Eine der ersten Fragen, die dort gestellt werden, lautet: ›Haben Sie irgendwelche Dokumente?‹ Ein unkompliziertes, leicht zu lesendes Dokument, das Ziel, Zweck und das, was Sie bei diesem Projekt liefern müssen, aufführt, definiert Ihren Auftrag«, erklärte Noah.

»Ein guter Punkt, Noah. Ein einfaches Dokument, sagen Sie, das das Gesamtziel und den Zweck zusammen mit dem, was geleistet werden muß, auflistet. Vielleicht könnte man dabei auch die wichtigen Aufgaben erwähnen, die dazu nötig sind.«

»Jetzt dämmert's Ihnen langsam. Sie können auch noch einen Abschnitt über die verantwortlichen Mitarbeiter hinzufügen.«

»Ja, das ergibt Sinn, sehr viel Sinn«, sagte David, »aber was mache ich damit? Welchem Zweck dient das Ganze?«

»Dieses Dokument beantwortet folgende Frage: ›Wer tut was für wen und warum?‹ Und zwar Schwarz auf Weiß. Sie haben jetzt etwas Konkretes, mit dem Sie arbeiten können, anstelle von heißer Luft. Das hilft nicht nur Ihrem Team, sondern auch Ihrem Kunden, die richtigen Arbeiten zu tun und die Aufgabe zu erledigen. Das Ganze bezeichnet man als Vereinbarungserklärung.«

»Diese Vereinbarung dient also dazu, die Kommunikation zwischen den Mitgliedern des Teams und dem Kunden effektiver zu gestalten. Aber wer ist mein Kunde?« fragte David.

»Wer wohl?«

»Mein Chef?«

Noah hob den Zeigefinger, um das Gesagte zu unterstreichen. »Das ist richtig.«

»Wenn ich das Projekt in der Form einer Vereinbarung dokumentiere, kann er nicht kommen und sagen, daß er mir etwas aufgetragen hat, was er vielleicht gar nicht gesagt hat. Das ergibt tatsächlich Sinn, und außerdem erklärt es ganz genau, was ich tun muß«, sagte David. »Aber als Sie die Arche gebaut haben, hatten Sie da auch eine solche Vereinbarung?«

»Sie erklärt nicht nur ganz genau, was Ihre Aufgabe ist, sondern auch das, was alle anderen tun müssen. Und um Ihre Frage zu beantworten: Ja, ich hatte auch eine solche Vereinbarung, denn sie ergibt Sinn, weil sie Verwirrung beseitigt und eine mögliche Verdoppelung der Bemühungen ausschließt.«

»Okay, der Zweck einer Vereinbarung ist mir jetzt klar. Großartig. Aber haben Sie eine Kopie der Vereinbarung, die Sie beim Bau der Arche entwickelt haben? Ich würde sie mir gerne einmal ansehen, damit ich eine Vorstellung bekomme, wie so ein Dokument aussieht«, erklärte David, der wußte, daß er auf diese Weise herausfinden konnte, ob der alte Mann ein Scharlatan war.

»Natürlich, mein Sohn. Dieses Dokument ist in meinem Besitz, aber Sie können es nicht haben.«

Ich wußte doch, daß er ein Betrüger ist, dachte David. »Also, wo ist es? Wenn Sie es haben, möchte ich, daß Sie es mir zeigen. Lassen Sie mich zumindest einen Blick darauf werfen.«

Noah nickte und erhob sich langsam.

»Meinen Sie etwa, daß ich es in meiner Tasche mit mir herumtrage? Haben Sie vielleicht Papier und Stift zur Hand?« fragte er.

David holte einen Zettel und einen Stift aus seiner Hemdentasche hervor. »Hier, bitte«, sagte er und setzte sich wieder.

»Danke. Ich werde das Dokument für Sie skizzieren.« Noah lächelte dankbar.

Vereinbarungserklärung

Zweck:	Anleitung für den Bau der Arche
Anwendungsbereich:	Identifiziert Beschränkungen, die vor und während dem Bau der Arche in Betracht gezogen werden müssen
Ziele:	Definition der nötigen Elemente, die den Anforderungen an die Arche entsprechen

Hintergrund:	Gibt eine kurze Übersicht über die für die Arche nötigen Arbeiten in der Vergangenheit, Gegenwart und Zukunft
Referenzen:	Spiegeln Archestudien, die früher ausgeführt wurden, wider
Organisations-tabelle:	Definiert die Rollen und Verantwortungen in der Archehierarchie
Überlegungen, Annahmen:	Legen die durchzuführenden Aufgaben auf hoher Ebene fest und entscheiden über die Lösung dieser Aufgaben; spezifizieren bestimmte Faktoren und Aktivitäten und identifizieren die Beziehungen der Schnittstellen

»Aber das kann doch nicht alles sein, um einem Projekt zu einem guten Start zu verhelfen. Die Vereinbarung muß doch zu etwas führen.« Davids Befürchtungen, daß der alte Mann ein Schwindler sei, waren verschwunden.

»Ja, das tut sie auch«, erklärte Noah. »Sie führt zu der Arbeitsgliederungsstruktur.«

»Eine Arbeitsgliederungsstruktur? Was ist denn das?« Plötzlich erkannte David, daß er es hier nicht mit einem alten Narren zu tun hatte.

»Es ist die Auflistung aller Aufgaben und Teilaufgaben, die zur Fertigstellung des Projektes nötig sind, von oben nach unten. Dann entwickeln Sie einen Plan, der auf der Arbeitsgliederungsstruktur und auf einigen Zeiteinschätzungen beruht. Aber all das führt zu etwas viel Wichtigerem: zum ersten Geheimnis.«

»Ich verstehe nicht, was Sie meinen. Worum geht es da?« fragte David.

»Ich weiß wirklich nicht, warum ich mir mit Ihnen solche Mühe gebe. Sie scheinen etwas schwer von Begriff«, klagte Noah und erhob sich langsam von der Bank.

»Warten Sie. Ich bin kein Dummkopf, schließlich habe ich meinen Abschluß mit Auszeichnung in einem Ivy-League-College gemacht und verfüge über fünf Jahre Erfahrung in meinem Beruf«, sagte David.

»Tatsächlich?« Noah setzte sich wieder und fuhr mit sanfter Stimme fort: »Egal, Sie erinnern mich an einen meiner Söhne, und das ist wahrscheinlich der Grund, warum ich Ihnen helfen will.«

»Aber Noah, Sie haben mir immer noch nicht gesagt, was das erste Geheimnis ist.«

»Ich glaube, Sie wissen es bereits, aber haben es noch nicht erkannt. Die ganze Zeit reden wir bereits von der...«

»Planung!« rief David. »Das ist also das erste Geheimnis. Ich hätte es wissen müssen. Natürlich, jetzt ist alles ganz einfach. Warum habe ich daran nicht gedacht? Ich muß planen, bevor ich irgend etwas unternehme. Aber Sie haben mir mehr beigebracht als nur zu planen, Noah.«

»Tatsächlich?«

»Geduld«, erklärte David. »Sie haben mich Geduld gelehrt. Ich wollte mich gleich an das Projekt begeben, aber es hat mir an Geduld gefehlt. Brillant, Noah. Jetzt kann ich mich darum kümmern, daß etwas passiert.«

»Wir sehen uns wieder, hier am selben Ort in zwei Tagen. Betrachten Sie es als Lagebesprechung. Bis dann.« Noah erhob sich und verschwand in der großen Menschenmenge, die vorüberkam.

»Noah? Noah? Wo sind Sie, Noah?« rief David. Doch Noah war nirgendwo zu sehen. Wie ist es ihm gelungen, so schnell zu verschwinden? dachte er. Ich brauche ihn doch!

3

Die Prioritäten hängen oft davon ab, wer das Sagen hat

David öffnete die Tür von Harrisons Büro, streckte den Kopf durch die schmale Öffnung und wurde von dickem Zigarrenrauch umnebelt. »Haben Sie eine Minute Zeit für mich?«

»Ja«, erwiderte Mr. Farnsworth, legte seinen Stift auf den Mahagonischreibtisch und lehnte sich in seinem Ledersessel zurück. »Was gibt's?«

»Ich hatte die Gelegenheit, mir etwas Zeit zu nehmen und mir genau klarzumachen, was Sie mit diesem Projekt erzielen wollen«, erklärte David und setzte sich auf den Sessel vor dem Schreibtisch seines Chefs. »Und ich habe es aufgeschrieben. Haben Sie ein paar Minuten Zeit, es sich durchzulesen? Es sind nur zwei Seiten.« Er legte das Dokument auf den Tisch.

Harrison nahm es an sich. »Natürlich. Lassen Sie mich mal sehen... Richtig. Das Projekt muß bis zu diesem Datum fertiggestellt sein. Das Projekt muß diese Ziele erreichen, und diese Aufgaben müssen innerhalb des zur Verfügung stehenden Etats durchgeführt werden... Ja. Die Hauptaufgaben sind korrekt, und die Unterstützung, die für die Durchführung dieser Aufgaben nötig ist, ist nicht unrealistisch. Wie sind Sie auf die Idee gekommen, dieses Dokument zu verfassen? Es ist großartig. Was? Warten Sie mal... Sie wollen, daß ich es unterschreibe?«

»Das ist das Beste daran. Wenn wir beide es unterschreiben, zeigen wir, daß wir mit den Zielen und Bedingungen einverstanden sind«, erklärte David. »Es bedeutet, daß wir sozusagen auf einer Wellenlänge sind.«

»Ich verstehe. Es ist ein Kommunikationswerkzeug. Also, in Ordnung, ich werde es unterschreiben. Es scheint mir zwischen uns ein wenig formell, aber zumindest wird auf diese Weise verhindert, daß irgend etwas übersehen wird.« Harrison unterzeichnete das Formular unten auf der zweiten Seite und warf David das Dokument zu.

»Stimmt genau, und ich kann richtig anfangen. Aber da ist noch eine Sache«, erklärte David, als er das Dokument an sich nahm.

»Und das wäre?«

»Ich muß noch etwas tun.«

»Was denn?« fragte Harrison neugierig.

»Ich muß eine Arbeitsgliederungsstruktur erstellen.«

»Eine was?«

Davids Kehle wurde vor Angst, daß er die Sache möglicherweise nicht richtig erklärte, ganz trocken. »Eine Arbeitsgliederungsstruktur ist eine Auflistung der Aufgaben, die nötig sind, um die in der Vereinbarung festgelegten Ziele zu erreichen.«

»Aha, ich verstehe. Und was gehört dazu?«

»Zwei ganz übliche Dinge: Zeit und Ressourcen«, erklärte David.

»Ich weiß nicht«, unterbrach Harrison ihn barsch. »Sie haben von beidem nicht viel. Könnten Sie etwas präziser sein?«

»Ich brauche Vorschläge von den Leuten, die auf diesem Gebiet Ahnung haben.«

»Sie müssen mit ein paar Leuten reden, richtig?«

»Richtig«, antwortete David.

Harrison kritzelte einige Namen und Telefonnummern von Mitarbeitern des Zoos auf einen Block, riß den Zettel ab und reichte ihn David. »Es ist eine Liste von Leuten, mit denen Sie reden können. Sie müßten alle zur Kooperation bereit sein. Sagen Sie ihnen, daß ich Sie geschickt habe und daß Sie dem Team angehören, das das Projekt auf den Weg bringt. Zumindest werden Sie die Aufgabenliste für die Arbeitsgliederungsstruktur erhalten.«

»Großartig.«

»Haben Sie noch etwas auf dem Herzen?« fragte Harrison.

»Ja. Da ist noch eine Sache«, fuhr David fort. Er spürte, daß Harrison ihn schnell loswerden wollte.

»Das haben Sie schon einmal gesagt. Ist es wirklich nur noch eine Sache?«

»Ja.«

»Ich möchte nicht, daß Sie zuviel Zeit mit der Planung verbringen und zuwenig Zeit für die Durchführung haben«, warnte ihn sein Chef.

»So daß ich nicht genug Zeit habe, um das Projekt zu vollenden?« fragte David und wartete auf eine Antwort.

»Nein, natürlich nicht«, erklärte Harrison. »Ich wollte damit nur sagen...«

»Wenn ich richtig plane, spare ich Zeit. Dafür ist ein wenig Geduld nötig, aber...«

»Hören Sie, Sie haben nur wenig Zeit, um dieses Projekt durchzuführen. Ich möchte nicht, daß Sie sich eine Analyselähmung zuziehen. Was müssen Sie noch tun – nur so aus Neugier gefragt?« Harrison zündete sich eine neue Zigarre an und zog gierig an ihr.

»Ich muß noch andere Planungen vornehmen.« Mit dem

rechten Arm versuchte David, die Rauchwolke zu vertreiben. »Es ist wichtig, den Verlauf dieses Projektes vor Augen zu haben.«

»Okay, die Vereinbarung ist in Ordnung, genau wie die Arbeitsgliederungsstruktur. Aber noch etwas – ich weiß nicht so recht. Ich bin nicht davon überzeugt, daß das helfen wird. Wie ich bereits gesagt habe, scheint dabei zu viel Zeit und Mühe draufzugehen. Aber ich will Ihnen eine Chance geben. Tragen Sie das Material zusammen, aber fassen Sie sich kurz. Wir haben nicht genug Zeit dafür, daß Sie all das Zeug, was Sie im College gelernt haben, in die Praxis umsetzen. Wir leben in der realen Welt, und jetzt ist es an der Zeit, daß Sie sich wieder an die Arbeit begeben.«

»Bin schon unterwegs«, sagte David und lächelte seinen Chef an. Jetzt werde ich ihm zeigen, wie man ein Projekt wirklich managt, dachte er, als er das Büro verließ. Diesem alten Gauner werde ich noch ein paar Lektionen erteilen!

4

Ohne Arbeitsgliederungsstruktur geht nichts weiter

Als David an dem Zaun entlangschlenderte, hinter dem sich die Lamas, Tapire und Ponys befanden, schossen ihm die Gedanken nur so durch den Kopf.

Es ergibt wirklich Sinn, dachte David. Ich verstehe es nicht. Wenn man sich die Zeit zur Planung nimmt, steht einem mehr Zeit für die Durchführung des Projektes zur Verfügung, weil man weiß, wo's langgeht. Aber ich verstehe einfach nicht, wie... Er spürte, daß ihm jemand auf die Schulter klopfte, und drehte sich um.

»Hallo, junger Freund. Was tun Sie da? Legen Sie gerade eine Pause ein?« fragte Noah.

»Wie bitte? Ach, Sie sind es.« David bemerkte, daß Noah noch immer die Fischermütze und die braunen Schuhe trug und seine Tonpfeife in der Hand hielt.

»Was haben Sie denn gedacht? Ein Riese vielleicht?« fragte Noah mit einem sarkastischen Lächeln. »Wie kommen Sie mit Ihrem Projekt voran? Ich wette, Sie machen gute Fortschritte.«

»Tut mir leid. Es ist nicht so, wie Sie denken. Ich habe versucht, das zu machen, was Sie mich gelehrt haben, aber, ehrlich gesagt, ist das leichter gesagt als getan«, erklärte David.

»Ja, vieles ist leichter gesagt als getan. Aber wo bleibt denn Ihr Sinn für Herausforderungen?«

»Lassen Sie uns ein wenig spazierengehen, während wir uns unterhalten. Sie haben wieder recht, Noah. Mein Chef sagt, daß Planung zuviel Zeit und Mühe kostet. Und nachdem ich eine kurze Diskussion mit ihm hatte, glaube ich, daß er recht hat.«

»Wirklich?«

»Hören Sie, Noah, ich sehe, daß das, was Sie sagen, stichhaltig ist. Es ergibt Sinn, aber...«

»Aber was? Hat er das Konzept und das Schöne an einer Vereinbarung verstanden?«

»Ja, die Vereinbarung hat ihm gefallen. Er war der Meinung, daß sie großartig ist. Sogar die Idee, eine Arbeitsgliederungsstruktur aufzustellen, gefiel ihm. Und er hat mir die Namen von ein paar Leuten aufgeschrieben, die ich um Vorschläge bitten kann«, berichtete David.

»Wo wir gerade von Vorschlägen reden – ich habe da eine Idee«, bemerkte Noah.

»Ja? Was denn? Ich bin ganz Ohr.« David blieb stehen.

»Ich bin froh, daß Sie mir zuhören«, sagte Noah, als er ebenfalls stehenblieb. »Sie wissen ja, daß Gott uns zwei Ohren und einen Mund geschenkt hat, damit wir zweimal soviel zuhören wie reden. Aber ganz im Ernst, warum machen Sie sich nicht ein Strohpferd...«

»Entschuldigen Sie bitte, wenn ich Sie unterbreche, aber was haben Bastelarbeiten mit meinem Projekt zu tun?«

»Nichts. Ein Strohpferd ist eine erste Stufe bei der Definition Ihres Produktes; in Ihrem Fall ist es die Arbeitsgliederungsstruktur«, erklärte Noah und setzte sich wieder in Bewegung.

»Der Entwurf einer Arbeitsgliederungsstruktur?« fragte David und folgte Noah. »Das ist eine gute Idee. Hören Sie, ich verstehe das Konzept einer solchen Arbeitsgliederungsstruktur, aber wie sieht sie aus?«

»Ich wußte, daß Sie mich das fragen würden«, erklärte Noah. »Ich zeige Ihnen daher als Beispiel, wie meine ausgesehen hat.« Er zog ein Blatt Papier und einen Stift aus seiner Tasche, lehnte sich an die Wand einer Hütte und skizzierte eine Arbeitsgliederungsstruktur. Dann reichte er David den Zettel.

Arbeitsgliederungsstruktur

1.0 Definition der Arche
1.1 Identifizierung der Voraussetzungen
1.2 Entwurfsplan

2.0 Entwurf der Arche
2.1 Vorbereitung der Spezifikationen
2.2 Festlegung des Entwurfs

3.0 Bau der Arche
3.1 Obergeschoß
3.1.1 Bau des Kiels
3.1.2 Heben des Kiels auf Blöcke
3.1.3 Befestigung der Planken am Kiel
3.1.4 Befestigung des Hecks am Kiel
3.1.5 Befestigung des Achtersteven am Kiel
3.1.6 Befestigung des Kielschweins am Kiel
3.2 Gestaltung der Arche

4.0 Durchführung
4.1 Vorräte beschaffen
4.2 Tiere versammeln

5.0 Feinarbeiten an der Arche
5.1 Abänderungen

»Jeder Abschnitt repräsentiert ein Produkt oder Teilprodukt, das wiederum in Aufgaben unterteilt ist und, wenn es sein muß, in Teilaufgaben«, fuhr Noah fort. »Sie werden feststellen, daß die Beschreibung eines Produkts und eines Teilprodukts aus einem Adjektiv und einem Hauptwort besteht, und jede Aufgabe und Teilaufgabe sich aus einem aktiven Verb und einem Objekt zusammensetzen. Beachten Sie auch, daß jeder Abschnitt eine Reihe von Zahlen enthält, die die Stufe von Produkt, Teilprodukt, Aufgabe oder Teilaufgabe innerhalb der Aufgliederungsstruktur der Arbeiten widerspiegeln.«

»Wenn ich diese Arbeitsgliederungsstruktur skizziert habe, kann ich sie mit den Leuten auf der Liste durchgehen. Das ist großartig«, sagte David und wurde ganz aufgeregt. Womöglich könnte ich die Arbeitsgliederungsstruktur als Kontrolliste einsetzen, dachte er. Er folgte Noah, während sie sich durch den Besucherstrom bewegten.

Noah zeigte mit dem Finger auf David. »Vergessen Sie nicht die Unterschriften.«

»Was habe ich von den Unterschriften?«

»Genau wie die Unterschriften auf der Vereinbarungserklärung das Engagement sicherstellen, so tun dies die Unterschriften auf der Arbeitsgliederungsstruktur. Und wenn Menschen die Möglichkeit haben, ihren Arbeitsplan aufzustellen, wird nicht nur der Wunsch erzeugt, Leistung zu zeigen, sondern auch, sich besondere Mühe zu geben«, erklärte Noah.

»Das ergibt Sinn. Wenn mir erst einmal ihre Vorschläge vorliegen, kann ich zu meinem Chef gehen und sagen: ›Sehen Sie, wir haben soviel Zeit und Mühe für die Zusammenstellung der Arbeitsgliederungsstruktur aufgewendet, und jetzt wollen wir ihre Vorteile in die Tat umsetzen.‹ Und außerdem, was nützt eine solche Struktur schon für sich allein?« fragte David.

»Nicht so schnell. Eine Arbeitsgliederungsstruktur ohne

Unterschriften hat auch ihren Wert«, erklärte Noah. »Sie legt die Aufgabenliste fest. Aber die Unterschriften zeigen eine Verpflichtung und erklären die enthaltenen Informationen für rechtsgültig.«

»Er wird nicht umhin können, den Wert dieser ausführlichen Behandlung zu erkennen«, bemerkte David.

»Ihn interessiert nur das große Bild. Belästigen Sie ihn nicht mit Details.«

»Aber ich höre jetzt noch, wie er dieselben alten Argumente anbringt, Noah.«

»Was stört ihn am meisten?«

»Die fehlende Zeit.«

»Sagen Sie ihm, daß Planung langfristig Zeit spart.«

»Das habe ich ihm bereits gesagt.«

»Und?«

»Das hat er verstanden«, sagte David. »Aber am liebsten würde er sofort Aktivitäten sehen.«

»Hier treffen Äsops Widersprüche zu. Äsop sagte, daß der, der zögert, verloren ist. Aber Äsop sagte auch, daß in der Eile alles schiefgeht. Das Interessante daran ist, daß beide Behauptungen zutreffen. Der Trick dabei ist, herauszufinden, wann welche zutrifft«, erklärte Noah und zog an seiner Pfeife.

»Ich kann es schon jetzt hören«, sagte David und hob hilflos die Hände. »Es fehlt sowohl an der Planung als auch am Budget. Er wird auch sagen, daß zuviel Zeit darauf verwendet wird, alle zur Kooperation zu überreden.«

Noah nahm die Pfeife aus dem Mund und deutete mit dem Mundstück auf David. »Worauf es ankommt, ist die Schaffung eines Wir-Gefühls. Sie, Ihr Chef, Ihr Team. Sie sind alle daran beteiligt. Und zusammen gehen Sie entweder unter oder werden schwimmen. Konzentrieren Sie sich also darauf, wie ein Team zu funktionieren. Ihr Chef wird das zu schätzen wissen.«

»Natürlich will er, daß alle zusammenarbeiten«, bemerkte David. »Aber er wird sagen, daß es wichtiger ist, die anstehende Aufgabe zu erledigen, statt dafür zu sorgen, daß alle sich mögen.«

»Das ist nicht dasselbe. All diese Planung führt dazu, daß die Beteiligten miteinander kooperieren. So wird Übereinstimmung erzielt, was zu einer Verbesserung der Kommunikation führt. Diese verbessert die Arbeitsmoral und erzeugt Begeisterung«, erklärte Noah und steckte wieder die Pfeife in den Mund.

»Von der Zusammenarbeit hängt alles ab. Zumindest habe ich das immer gedacht.«

»Wir verbringen viel Zeit mit Reden. Jetzt ist es an der Zeit, aktiv zu werden. Treffen Sie sich mit den Leuten, die Ihr Chef Ihnen empfohlen hat, und zwar zuerst mit jedem einzelnen. Sagen Sie, daß Sie eine Gruppenbesprechung einberufen werden, wenn Sie die Ergebnisse der Gespräche unter vier Augen zusammengestellt haben. Und daß Sie ihnen eine Notiz schicken werden, in der Datum, Uhrzeit und Ort aufgeführt werden. Je früher Sie dies tun, desto schneller können Sie mit der Arbeitsgliederungsstruktur beginnen«, erklärte Noah.

David nickte. »Das ist eine gute Idee. Es ist besser, diese Anstrengung zu Anfang des Projekts zu unternehmen als später. Wenn ich die Arbeitsgliederungsstruktur fertiggestellt habe und von allen Zustimmung erhalte – und dazu gehören auch ihre Unterschriften –, zeige ich sie meinem Chef.«

»Und was wird er Ihrer Meinung nach wohl sagen?«

»Er wird nicht umhin können, mich zu ermutigen, einen Plan aufzustellen und Schätzungen einzuholen. Das ergibt wirklich Sinn. Wissen Sie, es hängt tatsächlich alles davon ab, daß man den Wunsch hat, diese Dinge zu tun. Es gibt einfach keine andere Erklärung dafür«, sagte David.

»Es gibt eine Erklärung dafür. Der Wunsch kommt mit der Reife. Und schließlich wird dieser Wunsch zur Routine.«

»Ich habe noch eine Frage, Noah.« David redete weiter, während er beobachtete, wie die Löwen hin und her liefen.

»Nur zu.«

»Wie werde ich die Aufstellung des Plans und die Berechnung der Schätzungen handhaben?« fragte David.

»Genauso, wie Sie Ihre Arbeitsgliederungsstruktur aufstellen. Also, wenn Sie die Arbeitsgliederungsstruktur aufgestellt haben, werde ich Ihnen das nächste Geheimnis verraten. Derselbe Ort, dieselbe Uhrzeit in zwei Tagen«, schlug Noah vor.

David drehte sich zu dem Alten um. »Noah, Sie sagen mir niemals... Noah... Wo sind Sie? Wie verschwindet dieser Bursche nur immer so schnell?« murmelte David. Er schaute sich um und bemerkte, daß der alte Mann sich geschickt zum Haupteingang des Zoos vorgekämpft hatte und das Gelände jetzt mit anderen Besuchern verließ. Ganz schön gerissen, dachte er. Daran bestand kein Zweifel. Ich hoffe, ich kann auch so geschickt zu Werke gehen.

5

Für gute Pläne braucht man gute Schätzungen

David saß hinter seinem Schreibtisch und entwickelte die Planung. Papierstapel waren überall auf seinem Schreibtisch verteilt, während er wie wild an einem der Stapel arbeitete.

Wir wollen mal sehen... Genau. Dieser skizzierte Entwurf ist genau das, was ich brauche. Wenn ich die Arbeitsgliederungsstruktur noch ein wenig unterteile, habe ich eine detaillierte Aufgabenliste, dachte David. Also, eigentlich kein schlechter Entwurf. Ich werde ihn noch ein wenig erweitern können, wenn ich ihn mit den Leuten durchgehe, die der Alte empfohlen hat.

Da hörte er, wie an die Tür geklopft wurde.

»Was ist? Wer ist dort? Kommen Sie herein.« Er schaute auf und sah unerwarteten Besuch im Eingang stehen.

»Ich wollte nur mal kurz schauen, wie es so läuft«, sagte Harrison, dessen Kopf von einer Rauchwolke umhüllt war. Er nahm sich einen Stuhl und setzte sich zu David.

»Alles läuft recht gut. Alles in Ordnung. Im Augenblick

skizziere ich die Arbeitsgliederungsstruktur, über die wir neulich gesprochen haben«, erklärte David.

»Ich verstehe immer noch nicht ganz, wie das helfen soll«, bemerkte sein Chef.

»Haben Sie eine Minute Zeit?« fragte David. Selbstsicher holte er seinen Entwurf hervor. »Ich denke, Sie werden den Wert erkennen, wenn ich Ihnen zeige, was ich hier aufgestellt habe.«

Harrison schaute auf die Uhr und zog an seiner Zigarre, so daß eine Riesenrauchwolke aufstieg. »Sicherlich, aber verschwenden Sie nicht zuviel Zeit darauf. Vor uns liegt eine Menge Arbeit.«

»Wie Sie hier sehen, habe ich die Seite mit dem Titel ›Auflösung des Zoos‹ überschrieben, denn sie ist das Ergebnis dieses Projekts«, erklärte David. Mit dem Finger zeigte er oben auf die Arbeitsgliederungsstruktur und bewegte ihn hinunter zum Ende der Seite. »Dann habe ich den Umzug in Hauptaufgaben oder Hauptkomponenten aufgeteilt. Dabei habe ich drei erhalten. Hier ist eine Liste aller Aufgaben, die nötig sind, um jede Hauptaufgabe zu erfüllen. In einigen Fällen habe ich einige Aufgaben in untergeordnete Aufgaben aufgeteilt, um eine strukturiertere Liste der anstehenden Arbeiten zu erhalten.«

»Ich verstehe. Aber wie weit nach unten teilen Sie eine Arbeitsgliederungsstruktur auf?« fragte Harrison.

»Es gibt mehrere Faustregeln«, erklärte David. »Die häufigste lautet, daß eine Aufgabe so lange unterteilt wird, bis dies nicht mehr möglich ist. Eine andere Regel besagt, daß bei der Endabschätzung, bei der es um die Dauer der einzelnen Aufgaben geht, die Aufgabe in Unteraufgaben aufgeteilt wird, wenn die Schätzung mehr als 80 Stunden beträgt.«

»Dies hört sich nach guten Regeln an. Okay, Sie haben also die Arbeitsgliederungsstruktur. Was kommt jetzt?«

»Ich werde die Leute aufsuchen, die Sie empfohlen

haben«, antwortete David. »Sie scheinen Experten für die einzelnen Aufgaben zu sein, und ich werde mit ihnen reden, um ihre Vorschläge zu erhalten. Ich werde mich auch bemühen, ihre Zustimmung zu erhalten und verpflichtende Unterschriften. Wenn mir das nicht gelingt, werde ich den Entwurf abändern, bis sie ihm zustimmen. Dann werden sie eher bereit sein, ihn zu unterschreiben.«

»Das ergibt Sinn und ermutigt den Aufbau eines Teams. Okay, und was dann?«

»Wie Noah gesagt hat...« David biß sich fast auf die Zunge.

»Was? Noah? Von wem reden Sie da?«

»Ach nichts, es ist nicht weiter wichtig. Ich habe da gerade an jemanden gedacht. Also, ich werde einen neuen Entwurf machen und mit diesen Leuten reden, um ihre Meinung zu hören und ihr Feedback zu erhalten, wie lange es dauert, die einzelnen Aufgaben durchzuführen«, fuhr David fort.

»Bei allen Aufgaben, die in der Arbeitsgliederungsstruktur aufgelistet sind? Das würde ja ewig dauern, und so viel Zeit haben wir nicht...«

»Nein, nicht für alles«, erklärte David. Er lächelte innerlich, weil er Harrisons Einwendungen vorausgeahnt hatte und auf sie vorbereitet war. »Nur bei den Aufgaben und Unteraufgaben, die nicht weiter unterteilt werden können.«

»Ich verstehe. Aber wie können Sie die einschätzen?«

»Die beste Methode ist die Drei-Punkte-Formel, wie ich neulich gelesen habe. Bei jeder Aufgabe oder Unteraufgabe entscheidet man, wie lange es dauert, in einem pessimistischen Szenario oder einem Szenario des schlimmsten Falls zu arbeiten, dann in dem optimistischsten Szenario oder dem Szenario des besten Falls, und dann, welche Zeit man normalerweise für die Durchführung der Aufgabe erwarten würde. Nachdem man die wahrscheinlichste Zeitschätzung mit vier multipliziert hat, addiert man diese Zahl zu den pessimistischsten und optimistischsten Schätzungen und teilt das Ergebnis durch sechs. Dieses Ergebnis sagt einem dann, wie lange die Durchführung einer Aufgabe dauern wird«, erklärte David. »So sieht die Formel aus.« Er kritzelte sie auf ein Stück Papier:

$$\frac{\text{pessimistischste} + (4\text{x wahrscheinlichste}) + \text{optimistischste}}{6}$$

Dann reichte er den Zettel seinem Chef.

»Hier ist ein Beispiel für den Abtransport der Elefanten aus dem Zoo«, fuhr David fort. Er machte einige Notizen auf einem zweiten Zettel, während Harrison zuschaute. »Unsere optimistischste Schätzung beträgt 30 Stunden, die wahrscheinlichste beläuft sich auf 40 und die pessimistischste auf 80. Also (30 + [4 x 40] + 80) : 6 = (30 + 160 + 80) : 6 = 45. Und das ist die Schätzung, die wir einsetzen werden.«

»Sie gehen also bei allen Aufgaben in der Arbeitsgliederungsstruktur, die nicht weiter unterteilt werden können, so vor«, sagte Harrison.

»Genau.«

»Aber das wird bei Ihrer Arbeitsgliederungsstruktur recht lange dauern. Und wir haben nicht...«

»Entschuldigen Sie, Chef«, unterbrach David, denn auf diesen Augenblick hatte er gewartet. »Wenn man gute Pläne will, muß man schlau sein und gute Schätzungen einholen. Ein Freund von mir sagt, daß eine Schätzung nur eine Vorhersage für die Zukunft ist. Je mehr Informationen einem für diese Vorhersagen zur Verfügung stehen, desto höher ist ihre Verläßlichkeit. Auf diese Weise erhält man nützlichere Informationen, die schließlich zur Ausführung dieser Pläne führen. Und im Zeitalter des Computers werde ich sie mit Hilfe eines Softwarepakets zur Tabellenkalkulation aufbauen. Es nimmt alle Berechnungen vor, so daß es nicht so lange dauern wird, wie Sie denken.«

»Das ergibt Sinn. Ihr Freund scheint recht klug zu sein.«

»Das können Sie laut sagen.«

»In Ordnung. Nehmen wir also an, daß die Schätzungen vollständig vorliegen. Was kommt dann?«

»Ein Netzplan«, antwortete David. Nur weiter, dachte er, fragen Sie mich alles, was Ihnen einfällt. Ich bin bereit. Feuern Sie los. Ich habe alles über diese Pläne gelesen.

»Ein was?«

»Ein Netzplan. Es ist ein Planungswerkzeug.«

»Also, wie baut man einen solchen Netzplan auf?« fragte Harrison. »Was ist der Zweck eines weiteren Werkzeugs? Ich habe Ihnen doch gesagt, daß ich nur ein paar Minuten Zeit habe, aber Sie haben mein Interesse erweckt.«

»Mmmh... Ehemmm«, murmelte David. Wie baut man einen Netzplan auf? dachte er. Seine Handflächen wurden feucht und seine Kehle trocken.

Das Telefon klingelte, und David hob erleichtert den Hörer beim ersten Klingeln ab, aber das Gespräch war nicht für ihn.

»Es ist für mich? Woher wußte Miss Wright, daß ich hier bei Ihnen bin? Sie ist eine gute Sekretärin«, bemerkte Harrison und schnappte sich den Hörer.

»In Ordnung... Ja... Gut... Ich verstehe«, sagte Harrrison, bevor er auflegte. »David, ich muß mich um eine dringende Sache kümmern. Ich werde wiederkommen. Mir gefällt das, was Sie tun. Machen Sie weiter so.« Dann eilte er aus dem Zimmer.

David schaute zu seinem Bürofenster hinaus und hinauf zu den grauen Wolken, die drohend über dem Zoo schwebten. »Danke, lieber Gott«, flüsterte er, »danke.«

6

Ein Netzplan ist Ihre Landkarte

David hatte die Hände tief in den Taschen vergraben und spazierte durch das Menschenaffenhaus, wo er die Schimpansen beobachtete, die versuchten, Holzblöcke in verschiedenen Farben und Größen zu ordnen, doch all ihre Mühe schien nur zu Verwirrung zu führen. Dann wandte er seine Gedanken anderen Dingen zu.

Pläne, Pläne, Pläne, dachte er. Wie konstruiert man Pläne? Ich weiß, daß es etwas mit der Arbeitsgliederungsstruktur zu tun hat. Und der Netzplan muß mehr zeigen als nur Anordnungsbeziehungen zwischen den Aktivitäten. Aber wie stelle ich diese Umwandlung an?

»Hallo. Sie wirken irgendwie beunruhigt. Probleme?«

David drehte sich um, und auf der Stelle bemerkte er die Mütze, die Schuhe und die Pfeife. »Noah! Ich muß mit Ihnen reden. Ich weiß, daß wir uns eigentlich erst morgen treffen wollten, aber ehrlich gesagt muß ich jetzt gleich mit Ihnen reden. Haben Sie ein paar Minuten Zeit?«

»Was beunruhigt Sie? Ist es Ihre Arbeitsgliederungsstruktur?«

»Nein, diese Idee hat meinem Chef großartig gefallen.

Sie haben recht gehabt. Ich habe ihm meinen Entwurf gezeigt und auf der Stelle hat er die Bedeutung meiner Arbeit erkannt. Er interessiert sich sogar für das, was nach der Arbeitsgliederungsstruktur kommt, die Schätzung.« David führte Noah zu einer Bank an der Wand und setzte sich.

»Haben Sie irgendwelche Techniken weiter ausgeführt?« fragte Noah und setzte sich neben David.

»Das habe ich«, antwortete David. »Ihm gefiel die Drei-Punkte-Schätzung, von der ich gelesen habe, doch er meinte, daß das Ganze zu lange dauert. Ich habe ihm erklärt, daß ich sie in meinem Computer durchlaufen lassen würde.«

»Das ist gut. Es ist besser, klug zu arbeiten, statt schwer.«

»Noah, er hat mir alles abgekauft – von Anfang bis Ende.«

»Und?«

»Und dann hat er mir eine Frage gestellt, die ich nicht beantworten konnte.« David fuhr sich mit den Fingern durchs Haar.

»Was haben Sie getan?«

»Ich mußte gar nichts tun. Er bekam einen dringenden Telefonanruf und mußte gehen. Ich glaube, das Klingeln des Telefons hat mich gerettet«, bemerkte David grinsend.

»Sie brauchen Hilfe.«

»Schlau, Noah, wirklich sehr schlau. Ich nehme an, daß Sie recht haben. Ich brauche Sie tatsächlich. Mit meinem Collegeabschluß hatte ich mich so selbstbewußt gefühlt, aber das war falsch. Ich brauche jemanden, der mich anleitet.«

»Wissen Sie, was Selbstbewußtsein ist?« fragte Noah. »Es ist das Gefühl, das man hat, bevor man es besser weiß. Sie möchten also, daß ich Ihnen helfe? Also, ich hatte einige fachmännische Hilfe, als ich die Arche gebaut habe. Wir brauchen alle eine helfende Hand auf dieser Welt.« Er starrte an die Decke des Primatenhauses und dann auf David.

»Sie hatten mehr Glück als viele andere, Noah. Die Macht Gottes stand hinter Ihnen. Und das ist sehr viel wert.«

Noah lachte glucksend. »Okay, raus damit, junger Mann.«

»Wie konstruiert man einen Netzplan?« fragte David. »Wie sieht er aus?«

»Sie haben bereits eine umfassende Liste aller Aufgaben und Unteraufgaben für Ihr Projekt aufgestellt. Nun müssen Sie diese Teile des Puzzle auf bedeutungsvolle Weise zusammenbringen«, erklärte Noah.

»Ich glaube, jetzt verstehe ich. Ich muß eine logische Folge für die Aufgaben und Unteraufgaben finden«, sagte David. »Geistig kann ich sehen, wie sie zueinander in Beziehung stehen, aber wie stellt man dies optisch dar?«

»Ich sehe schon, daß ich Sie bei der Hand nehmen muß.« Noah erhob sich von der Bank und hob eine flachgedrückte Schachtel Popcorn auf. Dann kehrte er zu der Bank zurück und skizzierte einen Plan. Als er fertig war, legte er die Schachtel auf Davids Schoß, hielt aber immer noch den Finger darauf. »Okay, dies ist ein Beispiel dafür, wie mein Plan aussah.«

Noah klopfte mit dem Finger auf die Schachtel, während er weitersprach. »Jedes Rechteck bedeutet eine Aufgabe oder Unteraufgabe in der Arbeitsgliederungsstruktur, die nicht weiter aufgeteilt werden kann. Die Aufgaben oder Unteraufgaben werden als Aktivitäten bezeichnet. Die Pfeile zwischen den Rechtecken zeigen die Anordnungsbeziehungen zwischen den Aktivitäten und die Logik der Pläne.«

»Okay. Nachdem man die Folge der Aktivitäten gezeigt hat, was dann?« fragte David.

»Der Ablauf ist hier definiert. Richtig?«

»Richtig, Noah.«

»Jetzt, da ich weiß, wie ich vorgehen muß, kann ich abschätzen, wie lange die Durchführung dieser Aufgaben dauern wird.«

»Die Schätzungen?« fragte David. »Natürlich erinnere ich mich an sie. Das ist ja eine Kleinigkeit.«

»Eine Schätzung anhand von Stunden, vielleicht. Dann können Sie diese Stunden in Tage, Wochen, was auch immer umrechnen.«

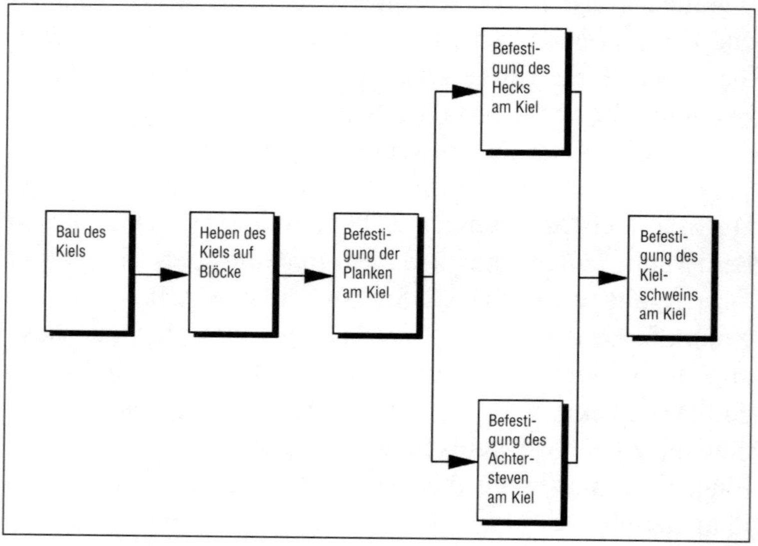

Abb. 1: Netzplan 1 für den Kiel

»Das ergibt Sinn. Ich nehme die Schätzung für jede einzelne Aufgabe und rechne die Stunden in Tage um. Dann kann ich den Anfangs- und Endzeitpunkt jeder Aktivität identifizieren.« David hatte das Gefühl, als wisse er alles über das Planen. »Also, damit sollte ich es schaffen.«

»Noch nicht ganz«, warf Noah ein. »Sie sollten sich darüber im klaren sein, daß es im Grunde bei jeder Aktivität vier Daten gibt.« Noah griff sich die Schachtel und begann zu schreiben, während er weiterredete. »Also, so berechnet man diese Tage mit Formeln. Ich verwende dazu den Netzplan, den ich gerade für Sie aufgezeichnet habe. Ich markiere die Dauer jeder Aktivität und gebe jeder eine Aktivitätsnummer, damit es einfacher ist. Dann werde ich alles erklären.«

Noah fügte die Zeitdauer der einzelnen Aufgaben und die Aktivitätsnummern der Rechtecke mit den Ergebnissen einiger schneller Berechnungen hinzu.

»Um jetzt die Daten für alle Aufgaben zu berechnen, müssen Sie sich von links nach rechts durch den Netzplan vorarbeiten. Man bezeichnet dies als Vorwärtsweg. Auf diese Weise werden die frühestmöglichen Anfangs- und Endzeitpunkte berechnet.«

»Sie sehen, daß die Durchführung der Aktivität 1 zwei Tage dauert. Das bedeutet, daß man an Tag 1 beginnt und am Ende des zweiten Tages fertig ist. Sie wissen, daß die Aktivität an Tag 1 beginnt. Also zählt man die Dauer von zwei Tagen zu Tag 1 hinzu, was drei Tage ergibt. Das ergibt keinen Sinn, denn die Aktivität sollte eigentlich an Tag 2 enden. Aus diesem Grund ziehen Sie einen Tag ab, so daß das Ende der Aktvität für das Ende des richtigen Tages geplant ist. Können Sie mir folgen?«

»Darauf können Sie wetten«, antwortete David. Sein Kopf schmerzte bereits, weil er sich so stark konzentrierte.

»Gut. Es ist wichtig, daß Sie das Konzept verstehen. Wir wollen also die Logik des Netzplans im Hinterkopf behalten und annehmen, daß Aktivität Nummer 2 sogleich beginnt, wenn Aktivität Nummer 1 endet. Das heißt, Nummer 2 beginnt an Tag 3. Sie hat eine Dauer von zwei Tagen, was heißt, daß sie fertig ist an ...«

»Tag 5«, sagte David.

»Stimmt genau.« Jetzt kritzelte Noah oben etwas auf die Schachtel. »Ich beende eben die übrigen Berechnungen. Sie folgen alle derselben Idee. Also, jetzt, da wir die frühestmöglichen Anfangs- und Endzeitpunkte für alle Aktivitäten haben, können wir die spätestzulässigen An-

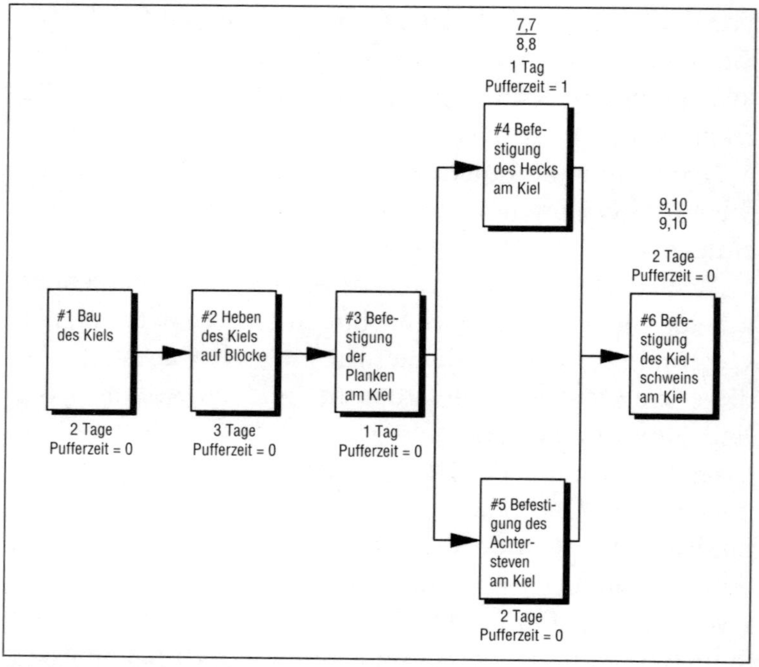

Abb. 2: Netzplan 2 für den Kiel

fangs- und Endzeitpunkte berechnen. Sind Sie bereit?«

»Darauf können Sie wetten«, sagte David. Es hatte sich gelohnt, genau zuzuhören, denn er verstand alles.

»Diesmal tun wir etwas anderes. Wir bewegen uns von rechts nach links durch den Netzplan. Man bezeichnet das als Rückwärtspfad. Wir wissen, daß Aktivität Nummer 6 einen spätestzulässigen Anfangszeitpunkt von 9 haben muß, weil man die Dauer von zwei Tagen von Tag 10 abzieht, was gleich 8 ist. Dann zählt man einen Tag hinzu, so daß Sie den spätestzulässigen Anfangszeitpunkt 9 erhalten. Denken Sie weiter an die Logik des Plans, und sehen Sie sich die Aktivität im Hinblick auf die vorhergehende Aktivität an, nämlich die Nummern 4 und 5. Betrachten wir einmal Nummer 5.«

»Sie wissen, daß Nummer 5 endet, bevor Nummer 6 überhaupt beginnen kann. Das bedeutet, daß Nummer 5 einen spätestzulässigen Endzeitpunkt von 8 haben muß. Da Nummer 5 eine Dauer von zwei Tagen hat, muß sie einen spätestzulässigen Anfangszeitpunkt von 7 haben, wenn Sie an die Formel für die Berechnung des spätestzulässigen Anfangszeitpunktes einer Aktivität denken. Diesen Schritt wiederholen Sie für Aktivität Nummer 4. Können Sie mir noch folgen?«

David nickte.

»Gut. Sie wissen jetzt, daß beide Aktivitäten, Nummer 4 und Nummer 5, parallel verlaufen, aber eine unterschiedliche Dauer haben«, fuhr Noah fort. »Sie berücksichtigen den spätestzulässigen Anfangszeitpunkt für die Aktivität mit der längeren Dauer und verwenden ihren spätestzulässigen Anfangszeitpunkt, um den spätestzulässigen Endzeitpunkt für die vorhergehende Aktivität festzulegen, nämlich für Aktivität Nummer 3. Sie wiederholen diese Schritte, bis Sie die spätestzulässigen Anfangs- und Endzeitpunkte für alle Aktivitäten berechnet haben.« Genau das tat Noah jetzt und schrieb die Ergebnisse in den Netzplan.

»Wir sind jetzt bereit, den kritischen Pfad festzulegen. Das ist ganz einfach. Sehen Sie, daß einige Aktivitäten dieselben frühestmöglichen und spätestzulässigen Zeitpunkte haben?«

»Ja«, antwortete David und zeigte auf die Aktivitäten mit den Nummern 1, 2, 3, 5 und 6.

»Ganz richtig. Das ist der kritische Pfad. Sie werden bemerken, daß diese Aktivitäten eine Pufferzeit von Null haben, wenn man den frühestmöglichen Anfangszeitpunkt vom spätestzulässigen Anfangszeitpunkt subtrahiert«, fuhr Noah fort. »Das trifft auf alle bis auf eine Aktivität zu, nämlich Nummer 4. Sie hat einen spätestzulässigen Anfangszeitpunkt von 8 und einen frühestmöglichen Anfangszeitpunkt von 7, so daß wir eine Pufferzeit von einem Tag erhalten«, schloß Noah.

»Vier Daten? Warum sind es so viele?«

»Nun ja, wir haben den frühestmöglichen Anfangszeitpunkt (FAZ), den frühestmöglichen Endzeitpunkt (FEZ), den spätestzulässigen Anfangszeitpunkt (SAZ) und den spätestzulässigen Endzeitpunkt (SEZ).«

»Das sind tatsächlich vier Daten. Doch was hat das für einen Sinn? Ist das nicht ein wenig verwirrend?« fragte David.

»Eigentlich nicht. Der frühestmögliche Anfangszeitpunkt identifiziert das früheste Datum oder den Zeitpunkt, an dem ein Ereignis beginnen kann. Der frühestmögliche Endzeitpunkt ist das früheste Datum oder der Zeitpunkt, an dem ein Ereignis enden kann. Der spätestzulässige Anfangszeitpunkt identifiziert das letzte Datum oder den Zeitpunkt, an dem ein Ereignis beginnen kann...« sagte Noah.

»Und ich wette, der spätestzulässige Endzeitpunkt ist der letzte Zeitpunkt, an dem eine Aktivität enden kann«, unterbrach David ihn. Er konnte es gar nicht abwarten anzufangen und erhob sich von der Bank.

»Das ist richtig. Setzen Sie sich nur wieder, mein Freund. Wir sind noch nicht fertig«, fuhr Noah fort. »Für mein Archeprojekt habe ich auch die Pufferzeit berechnet. Dabei handelt es sich um den Zeitraum zwischen dem spätestzulässigen Zeitpunkt, zu dem eine Aktivität stattfinden kann, ohne das Ablieferungsdatum eines Projekts zu verlängern, und dem frühestmöglichen Zeitpunkt, zu dem man erwarten kann, daß eine Aktivität stattfindet.«

David setzte sich wieder. »Diese Daten sagen mir also nicht nur, wann Ereignisse beginnen und enden können, sondern sie ermöglichen es mir auch zu berechnen, wie lange ich eine Aufgabe hinauszögern kann, ohne daß der Fertigstellungstermin meines Projekts davon betroffen ist. Großartig, jetzt paßt alles zusammen. Noah, ich glaube, Gott hat Sie geschickt.«

Noah schnappte sich die Schachtel aus Davids Hand und

kritzelte ein paar mathematische Gleichungen darauf. Dann reichte er die Schachtel an David zurück und zeigte auf die Gleichungen. »Ich möchte Ihnen etwas zeigen. Hier sind einige Formeln, die ich verwendet habe, um die Daten zu berechnen. Sie helfen mir auch, den kritischen Pfad für mein Projekt zu identifizieren.«

$$FAZ = FEZ - Dauer + 1$$
$$FEZ = FAZ + Dauer - 1$$
$$SAZ = SEZ - Dauer + 1$$
$$SEZ = SAZ + Dauer - 1$$

»Diese Formeln zeigen mir auch meinen kritischen Pfad auf? Wow! Das ist großartig! Ach, übrigens, was ist eigentlich ein kritischer Pfad?« fragte David.

»Sehen Sie den Netzplan, den ich gezeichnet habe?« Noah bewegte seinen gekrümmten Finger über den Netzplan auf der Schachtel. »Hier haben wir einen einzelnen Pfad, der der längste ist. Während der gesamten Projektdauer ist kein Pfad länger als dieser. Andere Pfade sind entweder gleich lang oder von der Zeitdauer her kürzer. Und außerdem entsprechen ihm auch die frühestmöglichen und spätestzulässigen Anfangs- und Endzeitpunkte.«

»Na und?«

»Überlegen Sie doch mal, David. Wenn Sie den kritischen Pfad kennen, stellen Sie die erfolgreiche Fertigstellung Ihres Projekts sicher. Er liefert uns zwei wichtige fundamentale Informationen. Der kritische Pfad weist keine Pufferzeit auf. Das heißt, daß jede Verschiebung des Plans auf diesem Pfad tatsächlich zu einer Verschiebung des Fertigstellungstermins führt. Es sei denn, daß die Verschiebung des Ereignisses weiter unten aufgefangen werden kann«, fuhr Noah fort. »Und Sie wissen eindeutig, welche Ereignisse für die erfolgreiche Abwicklung Ihres Projekts kritisch sind. Sie können sie also näher betrachten und kontrollieren, was mit ihnen geschieht. Dies ist auch von Wert für die Leistung des Projekts insgesamt. Mit diesen beiden Informationen können Sie sich die Frage stellen, ›was wäre, wenn‹, um Ressourcen zuzuteilen. Sie können die Pufferzeiten nutzen, um Ihre Ressourcen neu zuzuteilen, und immer noch garantieren, daß das Projekt erfolgreich zu Ende geführt wird. So hat diese Methode auch mir geholfen.«

»Sie haben wirklich einen langen Atem, um so lange reden zu können, ohne eine Pause einzulegen.« Langsam wurde David ungeduldig. Er wandte seinen Blick von Noah ab und betrachtete statt dessen die Schimpansen.

»Okay, genug für heute. Schauen Sie mir ins Gesicht, mein Freund – diese Lektion ist nur zu Ihrem Vorteil. Verstehen Sie, worauf ich hinaus will?«

David wandte Noah seine volle Aufmerksamkeit zu. »Natürlich«, erklärte er selbstbewußt. »Die Aktivitäten, die eine Pufferzeit von Null haben, sind diejenigen, die ich nicht hinauszögern darf, weil ich sonst meinen Fertigstellungstermin nicht einhalten kann. Um es zusammenzufassen – der kritische Pfad hat drei Merkmale: erstens, seine Aktivitäten haben eine Pufferzeit von Null; zweitens, die frühestmöglichen und spätestzulässigen Anfangs- und Endzeitpunkte entsprechen einander; und drittens, die Aktivitäten auf dem kritischen Pfad befinden sich auf dem längsten Pfad des Netzplans.«

Jetzt redete Noah wieder. »Sie müssen auch bedenken, daß sich die Welt ständig verändert. Und mit den sich verändernden Bedingungen ändert sich auch der kritische Pfad. Sie müssen sich nur sicher sein, wann Sie die Veränderung vornehmen müssen, und die aktuellen Implikationen und Nuancen verstehen.«

»Es klingt so einfach, und es ergibt wirklich Sinn. Aber wie erreiche ich die Übereinstimmung bei den Planungsdaten? Genauso wie ich sie bei der Arbeitsgliederungsstruktur und den Schätzungen bekomme?« fragte David.

»Ja.« Noah erhob sich von der Bank.

»Das muß ich noch tun, wissen Sie – Feedback und Zustimmung zu der Arbeitsgliederungsstruktur erhalten«, sagte David, während er zu Noah aufschaute. »Anschließend muß ich die Schätzungen berechnen. Und dann die Pläne aufstellen. Naja, das sollte kein zu großes Problem darstellen. Morgen treffe ich mich mit der ersten Person auf der Liste. Vorhin haben Sie ›was wäre, wenn‹ erwähnt. Was wäre also, wenn ich Probleme hätte? Wie kann ich Sie erreichen?«

»Rufen Sie mich an. Ich habe eine Freephone-Nummer. Es ist Freephone-NOAH.«

»Das werde ich mir eben notieren«, sagte David. Er holte seine Brieftasche heraus und schrieb die Nummer auf eine Visitenkarte. »Wie sind Sie an eine Freephone-Nummer gekommen?« Dann schaute er auf, aber der alte Mann war schon verschwunden. »Noah, wo sind Sie? Noah?« Er hat es schon wieder geschafft, dachte David und kratzte sich am Kopf.

7

Feedback kommt nicht von alleine

David hatte seine Füße bequem auf seinen Schreibtisch gelegt, während er auf einem Block herumkritzelte, der auf seinem Schoß lag. Seine Schläfen pulsierten, weil er sich so stark konzentrierte. Als er ein Klopfen an der Tür hörte, verlor er den Faden. »Kommen Sie herein«, sagte er und setzte sich aufrecht hin, während er beobachtete, wie die Tür aufgestoßen wurde.

»Ted! Wir wollen uns an den runden Tisch dort in der Ecke setzen. Ich würde gerne Ihre Meinung zu einer Sache hören«, sagte David.

Er konnte Ted in einer Menge immer ausmachen: Der Mann hatte lange, schwarze Koteletten und kurzes, krauses, schwarzes Haar, das viele graue Strähnen enthielt. Sein Gesicht war immer rot angelaufen, was David manchmal fälschlicherweise das Gefühl gab, daß Ted zornig sei. David sprang auf und streckte ihm die Hand entgegen, als der Mann auf ihn zuging.

»Natürlich«, sagte Ted, ohne zu lächeln. »Was gibt's?« Er ignorierte Davids Hand und setzte sich statt dessen an den Tisch.

David wählte den Platz neben Ted, statt sich ihm gegenüber an die andere Seite des Tisches zu setzen. »Wir alle wissen, daß der Zoo aufgelöst werden soll, weil es einen neuen Besitzer gibt. Meine Aufgabe ist es, dafür zu sorgen, daß dieser Übergang problemlos vonstatten geht.«

»Das weiß ich, Mr. Michaels. Was wollen Sie also von mir?« Ted verschränkte die Arme vor der Brust.

David deutete auf einen großen Bogen Papier, der den Tisch bedeckte. »Ich stelle gerade einen Plan zusammen, um dieses Projekt zu managen. Ich würde gerne Ihre Meinung dazu hören. Es ist eine Arbeitsgliederungsstruktur, um die Auflösung des Zoos durchzuführen.«

»Ich verstehe... Hören Sie, um eins klarzustellen – die Sache gefällt mir im Grunde überhaupt nicht. Ich arbeite schon sehr lange hier, und ich habe immer gute Arbeit geleistet. Ich habe nie einen Fehler gemacht. Es ist nicht meine Schuld. Ich habe eine Familie, für die ich sorgen muß. Die ganze Sache stinkt zum Himmel«, erklärte Ted.

»Ich verstehe Ihre Gefühle, Ted. Dennoch müssen wir in den noch verbleibenden zehn Monaten eine Aufgabe erledigen«, sagte David. Er bemerkte, daß Ted seine Unterarme stärker umklammerte und seine Stimme rauher wurde. »Wer weiß, vielleicht werden wir alle noch einen Job haben, wenn diese Sache hier funktioniert.«

»Ja, ja«, unterbrach ihn Ted, »das habe ich alles schon mal gehört. Arbeiten Sie hart. Tun Sie Ihren Job. Die Firma wird schon für Sie sorgen. Dessen bin ich mir ganz sicher. Sie werden für uns alle sorgen. Ich kann es kaum erwarten.«

»Ted, Sie sind der Leiter der Abteilung Wartung und Gartenbau bei uns hier im Zoo. Sie tragen eine Menge Verantwortung.« David bemerkte, daß Ted langsam seine überkreuzten Arme löste. »Und Ihre Arbeit ist lobenswert. Wenn wir alle zusammenhalten, besteht die gute Chance, daß sich uns eine großartige Gelegenheit eröffnet. Ansonsten...«

»Sicher, sicher«, sagte Ted. »Also erklären Sie mir schon, was Sie hier liegen haben.«

»Ich habe jene Aufgaben und Unteraufgaben identifiziert, die nötig sind, um das Projekt zu vollenden.«

»Mmh, ich verstehe. Wie heißt diese Aufstellung?«

»Es ist eine Arbeitsgliederungsstruktur«, erklärte David und beobachtete, wie Ted sich auf seinem Stuhl nach vorne lehnte.

»Interessant, Mr. Michaels.«

»Die Arbeitsgliederungsstruktur identifiziert den Aufwand für das gesamte Projekt. Ich will Ihnen erklären, was auf Sie zukommt.«

David verbrachte die nächsten 30 Minuten damit, die Arbeitsgliederungsstruktur mit Ted zu überprüfen und durchzusehen.

»Nun, was halten Sie davon?« fragte David.

»Ich denke, wenn Sie diese paar Aufgaben und Unteraufgaben, die ich erwähnt habe, zur Arbeitsgliederungsstruktur hinzufügen, und diese anderen in mehr Einzelheiten zerlegen, erhalten Sie ein besseres Bild der Arbeiten, die erledigt werden müssen. Das heißt, das ist meine Ansicht«, erklärte Ted und lächelte jetzt sogar.

»Gut. Die Gliederung sieht bereits besser aus.«

»Es freut mich, daß ich helfen konnte, David. Noch etwas anderes? Oder kann ich jetzt gehen?«

David bemerkte, daß Ted ihn beim Vornamen genannt hatte. »Ehm, würde es Ihnen etwas ausmachen, hier zu unterschreiben?« Er deutete auf eine freie Stelle auf der Seite. »Es bedeutet nur, daß ich die Arbeitsgliederungsstruktur mit Ihnen durchgesehen habe und daß Sie mit Ihrem Anteil einverstanden sind.«

»Also, ich weiß nicht...« Ted verschränkte wieder die Arme.

»Wo liegt das Problem?«

»Sie haben vorher nichts von einer Unterschrift gesagt, Mr. Michaels.«

David beobachtete, wie Teds Gesicht ein tieferes Rot als normal annahm. »Ted, es verpflichtet Sie zu nichts, wenn Sie dies hier unterschreiben. Es zeigt den anderen nur, daß Sie das, was Sie sehen, unterstützen und daß ich Ihre Vorschläge erhalten habe. Auf diese Weise werden Moral und Verpflichtung aufgebaut. Schließlich waren die Informationen, die Sie mir gegeben haben, doch akkurat, oder nicht?« Er reichte Ted einen Kugelschreiber.

Doch Ted ignorierte diese Geste. »Natürlich war alles korrekt. Für was für einen Manager halten Sie mich denn? Ich habe schließlich einen Ruf zu verteidigen. Einen guten Ruf. Und so soll es bleiben. Also gut, geben Sie mir schon den Stift. Ich unterschreib das verdammte Ding.« Er griff nach dem Stift, unterzeichnete das Papier und legte den Stift zurück.

»Großartig. Sie sollten sich auch meine Version des Netzplans ansehen.« David faltete einen großen Bogen Papier auf und legte ihn auf die Arbeitsgliederungsstruktur.

»Der Netz – was?«

»Der Netzplan. Er zeigt einfach die Folge der Aufgaben und Unteraufgaben, die in der Arbeitsgliederungsstruktur aufgelistet sind«, erklärte David. »Vorerst behandle ich nur Ihren Anteil. So wie ich es skizziert habe, geht diese Aufgabe jener Aufgabe voraus, und dann läuft diese hier ab.«

David verbrachte weitere 20 Minuten damit, die Genauigkeit des Netzplans zu diskutieren.

»Sehr saubere Arbeit. Aber wenn Sie einige dieser Linien neu verbinden, so wie ich es erwähnt habe, werden Sie feststellen, daß der Plan zumindest, was meine Aufgaben betrifft, glatter verlaufen wird. Muß ich das auch unterzeichnen?« fragte Ted. Diesmal klopfte er David dabei auf die Schulter.

»Bitte«, sagte David. Ihm fiel es schwer, etwas zu sagen, denn Ted hatte sich noch nie so verhalten. Er beobachtete, wie der Mann seine Unterschrift unter den Netzplan setzte. »Danke. Jetzt ist da noch eine Sache.«

»Was denn noch?«

»Schätzungen. Ich brauche Ihre Schätzungen, wie lange jede einzelne Aufgabe dauern wird.« David wußte, daß er diese Gelegenheit zur Zusammenarbeit nicht einfach so vorübergehen lassen durfte.

»Machen Sie Witze?« fragte Ted. »Ich weiß, daß Schätzungen wichtig sind, aber Sie bitten mich da um etwas Unmögliches. Es gibt keine Möglichkeit, genau zu sein. Eine Aufgabe könnte unter den besten Umständen 50 Stunden dauern und 200 unter den schlechtesten. Ich kann Ihnen nicht sagen, welche Schätzung korrekt ist. Das ist einfach unmöglich.«

David sah, wie Teds Gesichtsmuskulatur sich anspannte. »Einen Moment mal, Ted. Denken Sie daran, daß ich Schätzungen gesagt habe. Damit meine ich Ihre beste Schätzung. Eine Schätzung bedeutet, daß zu 50 Prozent die Chance besteht, daß Sie recht haben.«

»Ja. Und es bedeutet gleichzeitig, daß die 50prozentige Chance besteht, daß man Unrecht hat!«

»Hören Sie, Ted, ich brauche eine Schätzung. Ich habe eine erwiesene Formel, die die besten und schlechtesten Zeitmengen und außerdem den durchschnittlichen Zeitbedarf berechnet«, erklärte David.

»Tatsächlich?« Ted mußte lächeln. »Okay, aber es könnte eine Weile dauern.«

David spürte, daß noch eine qualvolle Sitzung vor ihm lag. »Ich bin bereit, mir die Zeit zu nehmen, aber ich brauche Ihre Hilfe.«

»Sie können sich auf mich verlassen. Lassen Sie uns anfangen«, sagte Ted mit einer ausholenden Handbewegung.

»Gut. Also, wenn wir uns die erste Aufgabe ansehen, wie lange müßte man unter den besten Umständen dafür veranschlagen?«

»In Stunden?« fragte Ted. »Tagen? Oder was?«

»Stunden. Später werde ich die Stunden in Tage umrechnen.«

Ted stieß einen lauten Seufzer aus und sagte: »Wollen wir mal sehen... 72 Stunden, und das nur, wenn alles ganz glatt läuft.«

»Wie steht es mit den normalen Umständen?« David wurde ungeduldig, als er sah, wie Ted sich in dem Zimmer umschaute und Däumchen drehte.

»Etwa 100 Stunden.«

»Und unter den schlechtesten Umständen?«

»Mmh, lassen Sie mich mal überlegen... 300 Stunden«, sagte Ted.

»Großartig. Jetzt wollen wir alle anderen Aktivitäten durchgehen«, erklärte David. »Es wird nur 30 Minuten dauern, das heißt, wenn ich Ihre volle Aufmerksamkeit habe. Okay?«

Ted nickte, und die beiden begannen mit den Schätzungen, wie lange die Durchführung jeder einzelnen Aufgabe dauern würde.

»Ich glaube, das reicht«, bemerkte David, als er die Besprechung beendete. »Wir haben hier wertvolle Informationen. Sie werden mir helfen, einen guten Plan zusammenzustellen.«

»Sagen Sie mal, bin ich der einzige, mit dem Sie dies durchgehen?«

»Nein, Sir. Ich werde dasselbe mit Sally machen, der Leiterin der Abteilung Tierpflege, und mit Frank, dem Leiter der Abteilung Verwaltung und Versorgungsdienste«, antwortete David.

Ted zeigte mit dem Finger auf David. »Ich gehe jede Wette mit Ihnen ein, daß es wegen des Plans und der

Arbeitsgliederungsstruktur einige Meinungsverschiedenheiten geben wird. Ach ja, dieses Netzplanding habe ich dabei fast vergessen. Ich wette, daß es dabei ebenfalls Kontroversen geben wird.«

»Ich freue mich auf unterschiedliche Reaktionen.«

»Tatsächlich?«

David wollte Ted irgendwie erklären, daß unterschiedliche Auffassungen durchaus positiv waren, denn er wußte, daß dies etwas war, das Ted nicht tolerieren konnte. »Ja, wirklich. In der Tat ist das eine gute Sache. Ich werde diese Punkte von Anfang an aufdecken, nicht, wenn das Projekt bereits begonnen hat«, erklärte David. »Es ist besser, Meinungsverschiedenheiten gleich am Anfang auszubügeln. Ich wende lieber zu Beginn etwas mehr Zeit auf, statt später Probleme zu bekommen.«

»Das ergibt Sinn. Muß ich die Schätzungen auch unterschreiben?« fragte Ted lächelnd.

»Bitte, und vielen Dank.« Er reichte Ted den Stift.

»Danke. Ich habe bei diesem Projekt nicht dieselben Ängste, die ich bei anderen Projekten hatte. Wahrscheinlich, weil Sie mich gezwungen haben, alles bis zum Ende durchzudenken«, bemerkte Ted.

»Mir geht es genauso. Ich weiß, daß es gut so ist und daß es funktioniert. Also, vielen Dank für Ihre Hilfe.«

Ted erhob sich vom Tisch und reichte David die Hand. Er schüttelte die Hand des jungen Managers mit einem festen Handschlag und verließ das Büro.

Jetzt muß ich noch die Vorschläge von den anderen beiden Leuten hören, dachte David. Dann muß ich alles zusammen in einem Plan verarbeiten. Es wird allein schon Wochen dauern, die Daten für jede Aufgabe zu berechnen. Wahrscheinlich sollte ich Noah anrufen, wenn ich mit den beiden anderen gesprochen habe.

8

Es gehört mehr dazu als ein Softwarepaket

Nachdenklich saß David an seinem Schreibtisch. Soll ich? Ja? Nein? Ach, egal!

Er zog eine Visitenkarte aus der Brusttasche seines Hemdes, drehte sie um und fand die Nummer, die er suchte. Dann drückte er die Tasten Freephone-NOAH auf seinem Telefon.

»Los, Noah! Nun antworte schon. Ich brauche deine Hilfe, um weiterzumachen. Mach schon, Noah«, murmelte David.

Er hörte ein Klicken am anderen Ende der Leitung, nachdem das Telefon mehrmals geläutet hatte. »Noah?« Davids Herz schlug wie wild.

»Ja?«

»Gott sei Dank, daß Sie es sind. Hier ist David.« Er holte tief Luft. »Ich brauche Hilfe. Ich habe alles so gemacht, wie Sie es mir gesagt haben. Ich habe eine Vereinbarungserklärung, eine Arbeitsgliederungsstruktur und einen Netzplan entwickelt. Ich habe mich mit jedem einzeln getroffen und habe sogar Schätzungen erhalten. Und Unterschriften. Ich bin auf dem besten Weg.«

»Das sind gute Nachrichten. Sie machen es genau richtig. Freut mich, das zu hören.«

»Aber da gibt es noch ein Problem«, sagte David.

»Nur eins, ja?«

»Ich brauche Hilfe.«

Es folgte eine lange Pause, und David begann, mit den Fingern auf den Schreibtisch zu trommeln.

»Sie haben mit einer Reihe von erfahrenen Leuten gesprochen, und wie ich annehme, haben Sie ihr Vertrauen und ihren Respekt gewonnen«, sagte Noah. »Können Sie und Ihr Team jetzt nicht ein paar Alternativen finden und die richtige Lösung wählen?«

»Natürlich. Ich bin durchaus in der Lage, meine eigenen Probleme zu lösen, schließlich bin ich Manager«, antwortete David.

»Sind Sie dem Titel oder dem Beruf nach ›Manager‹?« fragte Noah.

»Jaja, ist schon gut. Hören Sie, geben Sie mir einfach einen Hinweis, ja? Sie wären stolz auf mich, wenn Sie sehen könnten, was ich bisher zusammengestellt habe«, erklärte David.

»Ich bin stolz auf Sie, denn Sie haben schon viel gelernt. Einfach nur durch den Kulturschock. Egal, ich weiß schon, was Ihr Problem ist.«

»Tatsächlich?« fragte David. »Ich habe es ja noch nicht einmal erwähnt.«

»Jetzt, da Sie all diese wunderbaren Daten haben, was tun Sie mit ihnen?«

»Also, das ist das Problem. Ich habe eine Menge Daten gesammelt. Das Problem ist, wie ich sie klar darstelle. Und davor noch die Durchführung all dieser Berechnungen, Vorgangsdauern, Anfangs- und Endzeitpunkte. Ich werde Tage damit zubringen. Wie haben Sie Ihre Berechnungen angestellt?« fragte David. »Ich habe einige Nachforschungen in bezug auf Ihre Arche angestellt. Sie haben etwa 750 Lastwagenladungen Holz verbraucht. Es muß eine ungeheure Aufgabe gewesen sein, den Transport, die Lieferung, Lagerung und alles andere zu planen. Also? Wie haben Sie es geschafft?«

Noah konnte sich ein Lachen nicht verkneifen. »Mit Spiegeln, mein Lieber, mit Spiegeln.«

»Mit Spiegeln?«

»Und mechanischen Vorrichtungen.«

»Und mechanischen Vorrichtungen?« fragte David.

»Hören Sie auf, alles, was ich sage, zu wiederholen, und fangen Sie an zu denken, David. Ich habe mechanische Vorrichtungen genutzt, um meine Berechnungen schneller durchzuführen. Der Abakus war 2448 v.Chr. ein recht nützliches Werkzeug. Aber heute leben wir in einer anderen Ära. In der Moderne. Und da stehen uns alle möglichen anderen Werkzeuge zur Verfügung.«

»Das soll das moderne Zeitalter sein? Wirklich toll«, bemerkte David.

»Also nutzen Sie die Werkzeuge, die Ihnen zur Verfügung stehen. Sie setzen doch zeitgenössische Technologien ein, um Ihre Aufträge zu erledigen. Sie verwenden derartige Technologien doch sogar, bevor Sie überhaupt mit der Arbeit beginnen.«

»Natürlich nutze ich die Automatisierung, um zur Arbeit zu gelangen. Mein Wagen mit Allradantrieb hat das neueste Antiblockiersystem und sagt mir sogar, wieviel Luft in den Reifen ist«, erklärte David.

»Und wie sieht es bei der Arbeit aus?«

»Bei der Arbeit? Ich habe einen PC auf meinem Schreibtisch stehen! Was soll denn damit sein? Ich setze ihn kaum ein, außer für Tabellenkalkulationen und zur Textverarbeitung.«

»Also, David, warum erweitern Sie nicht Ihre Möglichkeiten und setzen ihn zur *Arbeits*verarbeitung ein?«

»Arbeitsverarbeitung?«

»Arbeitsverarbeitung«, wiederholte Noah. »Nutzen Sie Ihren Computer, um Ihre Arbeit und Leistung zu beschleunigen. Für Ihr Projekt müssen Sie die verschiedenen Softwarepakete fürs Projektmanagement überprüfen.«

»Sie meinen ein Projektmanagement-Softwarepaket für meinen Computer? Das ist eine ausgezeichnete Idee! Aber ich habe keines in meinem Computer«, sagte David. »Ich weiß nicht einmal, wie man es einsetzen würde.«

»Dann lernen Sie es. Lernen Sie es, indem Sie einfach anfangen. Man sagt auch On-the-job-Training dazu.«

David merkte, daß ihm ein Licht aufging. »Ich könnte es lernen, indem ich das Lehrprogramm, das mitgeliefert wird, einsetze. Bei den meisten Softwareprogrammen heute ist eins dabei. Oder ich könnte für kurze Zeit jemanden einstellen, der Erfahrung mit dem Programm hat. Doch das kann ich mir nicht leisten. Sieht so aus, als ob ich es selbst lernen muß. Ich kann es kaum abwarten!«

»Wieviel Erfahrung haben Sie mit dem Computer? Sie haben gesagt, daß Sie bereits mit einer Tabellenkalkulation und einer Textverarbeitung gearbeitet haben.«

»Nun, ich tippe meine eigenen Rundschreiben, Noah. Und ich berechne unseren Etat.«

»Was wissen Sie über Projektmanagement?«

Schockiert über die Fragen ließ David sich in seinem Sessel zurückfallen. »Was meinen Sie damit, was ich darüber weiß? Sie haben mich eine Menge gelehrt. Ich bin kein anerkannter Fachmann auf dem Gebiet, aber ich weiß genug, um anzufangen.«

»Und wieder aufzuhören.«

»Touché«, sagte David.

»Hören Sie. Was soll dieses wunderbare Paket für Sie tun? Haben Sie irgendeine Vorstellung?«

»Also... Es soll meine Vorgangsdauern berechnen und meine Anfangs- und Endzeitpunkte. Wenn es das kann, erspart es mir eine Menge Zeit«, erklärte David. »Und natürlich muß es die Informationen auch ohne allzu große Umstände ausdrucken. Von Leuten, die Datenbanken ausdrucken lassen wollten, habe ich schon alle möglichen Geschichten gehört.«

»Ich weiß, daß man bei den meisten Projektmanagementpaketen die Namen von Aufgaben und Unteraufgaben sowie die Beziehungen zwischen ihnen und die Zeitdauer jeder einzelnen eingeben kann. Dann berechnet die Software die Anfangs- und Endzeitpunkte. Anschließend können Sie Pläne und Diagramme ausdrucken. Bei einigen Paketen können Sie sogar die Ressourcen mit einbeziehen. Auf diese Weise können Sie die Beziehung zwischen Zeit, Leuten und Geld sehen«, erklärte Noah.

»Das ist großartig und ergibt Sinn. Viel Sinn. Ich gehe gleich los und kaufe ein Programm. Ich bin schon ganz aufgeregt. Danke für Ihre Hilfe, Noah. Sie sind wirklich ein Lebensretter«, sagte David.

»Nicht so eilig, mein Freund.«

»Was ist denn? Ich verstehe nicht.«

»Ganz richtig, Sie verstehen nicht. Wie sieht es mit den Voraussetzungen aus?«

»Voraussetzungen?« David stieß einen langen Seufzer aus. »Ich habe Ihnen doch schon gesagt, wie die aussehen. Die anderen haben auch ein paar gute Ideen eingebracht, die ich noch nicht mit einbezogen hatte. Mitarbeiterzahl, Budgets – es wird ein Riesenspaß sein.«

»Richtig, es wird ein Spaß sein, aber erst, wenn Sie die vorhandene Hardware identifiziert haben. Die Welt der Hardware und Software ist nicht immer 100 Prozent kompatibel«, erklärte Noah.

»Da sagen Sie etwas Wahres! Es hat einige Zeit gedauert, bis ich herausgefunden habe, daß das Betriebssystem, das ich benutze, nicht mit der Tabellenkalkulationsoftware kompatibel war, die ich gekauft hatte. Wie sollte ich das auch wissen? Ich hatte Glück, daß man sie in dem Laden, wo ich sie gekauft hatte, wieder umgetauscht hat. Aber auch nur, weil der Sohn des Besitzers ein Freund meiner Kusine ist.«

»Sie müssen auch den Inhalt der Pläne, Berichte und Diagramme kennen, die Sie produzieren wollen.« Dann bemerkte Noah: »Nicht alle Softwareprogramme sind gleich. Und wie sieht es mit dem Geld aus? Wieviel wollen Sie für diese wunderbare Software ausgeben? Mehr Flexibilität bedeutet mehr Kinkerlitzchen, die mehr Geld kosten.«

»Ein guter Punkt. Ich glaube, ich setz' mich mal hin und schreibe alles das, was ich brauche, auf... Hardware... Software... Peripheriegeräte... sogar ergonomische Merkmale«, sagte David.

»Nicht schlecht.«

»Was muß ich dann als nächstes tun, sobald ich mich für eine Software entschieden habe?« fragte David, doch er hörte nur ein lautes Klicken in der Leitung.

»Noah? Noah? Sind Sie noch da? Hört sich an, als ob er aufgelegt hat. Vielleicht war ja eine Störung in der Leitung, aber irgendwie klang es, als ob er aufgelegt hat.« David wählte die Nummer erneut, doch der Anschluß war besetzt.

Was tue ich, wenn ich mich mit der Software auskenne? Ich weiß! Ich drucke einen Netzplan. Vielleicht sogar eine Tabelle. Und eine Reihe von Berichten. Dann schicke ich diese Unterlagen an alle zur Überprüfung und halte eine Besprechung ab, um vorhandene Meinungsverschiedenheiten zu beheben. Und dann werde ich alles dementsprechend noch einmal durchgehen. Das ist es!

9

Eine Seite mit Informationen ist besser als ein Buch voller Daten

David klopfte mit der ganzen Faust an die Bürotür, aber er klopfte vor Aufregung so laut, nicht aus Wut. Er konnte es kaum abwarten, seine neuen Pläne vorzulegen. Dann öffnete er die Tür und trat ein, bevor man ihn hereingebeten hatte. »Darf ich eintreten?«

»Ich glaube, Sie befinden sich bereits im Zimmer, aber kommen Sie trotzdem herein«, sagte Harrison Farnsworth. »Aber ich habe nicht viel Zeit. Es ist alles Mögliche zu tun.« Er deutete auf seinen vollen Schreibtisch. »Was gibt's für Neuigkeiten?«

David setzte sich auf einen Stuhl neben dem Schreibtisch seines Chefs. »Pläne. Und zwar gute. Ich glaube, daß Ihre Befürchtungen, daß ›Pläne eine Aufgabe nicht erledigen‹, zerstreut werden.«

»Ich hoffe, sie sind wirklich gut. Bisher habe ich nur die Vereinbarungserklärung gesehen«, bemerkte Harrison. Dann holte er sich eine Zigarre aus der Schreibtischschublade und zündete sie an.

»Hier habe ich noch einiges für Sie. Zunächst einmal eine Kopie der Arbeitsgliederungsstruktur«, sagte David, als er versuchte, die dichte Rauchwolke mit der Hand zu vertreiben.

»Das sieht wirklich eindrucksvoll aus. Wie ist es Ihnen gelungen, das Ganze so sauber auszudrucken?«

David fragte sich oft, wie sein Chef durch all den Rauch etwas sehen konnte. »Ich habe ein Software-Grafikpaket für meinen Computer verwendet. Sie können das Kästchen mit dem Gesamtprodukt sehen, und alle Hauptpunkte sind darunter abgebildet. Unter jedem Hauptpunkt sind die Aufgaben und in einigen Fällen auch die Unteraufgaben aufgeführt.«

»Schön, das sieht sehr gut aus. Vielen Dank für das hübsche Bild. Was haben Sie noch da?« Harrison zog heftiger an seiner Zigarre.

David wußte, daß sein Chef dies immer tat, wenn er aufgeregt wurde. »Einen Netzplan. Diese Art Netzplan wird als Rangordnungsdiagramm bezeichnet. Es zeigt die logische Folge der Aufgaben und Unteraufgaben. Und die Zeitpunkte, zu denen diese beginnen und enden sollten. Jedes Kästchen in dem Diagramm repräsentiert eine Aktivität, und die Pfeile zeigen die logische Folge.«

»Da sind noch zusätzliche Informationen in dem Kästchen. Was haben die zu bedeuten?« fragte Harrison und deutete auf den Netzplan.

»Ach ja«, sagte David. »Das ist die Pufferzeit für jede Aktivität.«

»Pufferzeit? Was treiben Sie da nur? Suchen Sie nach Antworten? Oder werden Sie einfach nur nachlässig?«

David bemerkte den verwirrten Blick in Harrisons Gesicht. »Halten Sie sich einen Augenblick lang fest, Chef, während ich Ihnen die Sache erkläre. Die Pufferzeit ist die Zeitmenge, die eine bestimmte Aktivität länger dauern darf, ohne daß der Fertigstellungstermin des Projekts davon beeinflußt wird. Für die jeweilige Aktivität zeigt sie auch die Pufferzeit der folgenden Aktivitäten an.«

»Ich verstehe. Und die rote Linie, die sich durch den Plan zieht?«

»Das ist der kritische Pfad.«

»Kritischer Pfad?«

»Die Linie heißt der kritische Pfad, weil sie genau das ist – nämlich kritisch. Dieser Pfad zeigt Ihnen, welche Aktivitäten nicht länger dauern dürfen, wenn der Fertigstellungstermin des Projekts nicht davon betroffen sein soll«, erklärte David. »Was das Zeitmanagement betrifft, muß man diesen Aktivitäten besondere Aufmerksamkeit schenken.« David sah, wie die Verwirrung aus dem Gesicht seines Chefs wich.

»Ich bin beeindruckt. Das sind sehr nützliche Informationen.«

»Danke, Sir.« David konnte nicht umhin zu lächeln. »Aber das ist noch nicht alles.«

»Ach?«

»Hier sind einige Berichte, die ich mit dem Computer erstellt habe. Dieser Report zeigt die vollständigen, detaillierten Planungsinformationen für das gesamte Projekt.« David griff nach einem zweiten Bericht. »Dieser zeigt die wahrscheinlichen Kosten ...«

»Langsam, langsam«, unterbrach ihn Harrison. »Es sind hübsche, informative Berichte, aber sie enthalten keine Zahlen – keine Kosten, kein Mitarbeiterzahlen.«

David grinste wie die Katze, die gerade die Maus gefangen hat. »Das ist richtig, denn bisher wurden den Aktivitäten im Plan noch keine Leute zugeordnet. Ich kann Verantwortung übertragen, aber an wen? Ich habe keine Arbeitskräfte und keinen Etat. Und ohne diese Dinge...«

»Okay«, sagte Harrison und hob die Hände, als würde er sich ergeben. »Ich bin beeindruckt von dem, was Sie bisher geleistet haben. Ich werde Ihnen auf der Stelle einige Mitarbeiter unterstellen. Wie viele brauchen Sie?«

»Nicht so schnell, Sir«, bemerkte David. »Für eine gute Planung ist Geduld erforderlich. Ich habe Einzelgespräche mit Ted, Sally und Frank geführt. Dann habe ich die Unterlagen zusammengestellt, die ich Ihnen heute gezeigt habe. Insgesamt habe ich etwa zwei Wochen gebraucht. Jetzt, da Sie zustimmen, schlage ich vor, daß ich mit diesen Leuten eine Gruppenbesprechung abhalte, um ihre Zustimmung für das, was ich Ihnen gezeigt habe, zu erhalten.«

»Aber diese Leute sind die wichtigsten Teammitglieder, die ich Ihnen unterstellen wollte. Warum wollen Sie erst noch einmal mit ihnen reden? Schließlich haben Sie sich schon einmal mit ihnen zusammengesetzt«, sagte Harrison.

»Ich weiß, Sir. Aber ich brauche ihre Zustimmung als Gruppe. Und zusammen können wir entscheiden, ob das Projekt so steht und ob die Aktivitäten, die Anordnungsbeziehungen und so weiter stabilisiert sind. Wir können auch entscheiden, ob wir genug Mitarbeiter haben, und nicht nur das – wir brauchen auch die richtigen Mitarbeiter«, erklärte David.

»Wie wollen Sie das herausfinden?«

»Ich weiß nicht. Zumindest jetzt noch nicht.«

»Wie sieht also Ihr nächster Schritt aus?«

»Aktivität, Sir!« David klopfte mit dem Finger auf den Stapel Unterlagen. »Ich werde mich mit dem Kernteam, so nenne ich es, treffen und werde mir seine Zustimmung geben lassen. Beim nächsten Schritt geht es dann darum, Ihnen den endgültigen Plan, der auch einige Kosten- und Ressourcenberichte enthalten wird, zu präsentieren. So werde ich vorgehen.«

»Klingt logisch. Also, ich muß mich jetzt wieder an meine Arbeit machen, wie Sie unschwer erkennen können. Sie scheinen zu wissen, wo's langgeht.«

David suchte sich seinen Stapel Unterlagen zusammen und ging zur Tür, doch dann drehte er sich um und sagte:

»Ich weiß, wo ich hin muß, aber ich bin mir nicht sicher, wie ich dorthin kommen werde.«

»Das werden Sie schon herausfinden«, versicherte ihm Harrison. »Aus diesem Grund habe ich Sie ja eingestellt. Ich muß es noch einmal sagen. Ich bin beeindruckt... bisher jedenfalls. Solche Planungen kommen normalerweise erst mit jahrelanger Erfahrung.«

»Da haben Sie ganz recht«, sagte David, als er die Tür hinter sich schloß. »Da haben Sie ganz recht.«

10

Positives *und* negatives Feedback sind wichtig!

David setzte sich vor die Gruppe im Konferenzzimmer und zwang sich, selbstbewußt zu wirken, doch unter dem ruhigen Äußeren war ein zitternder, junger Projektleiter versteckt, der sich nichts sehnlicher wünschte, als daß Noah ihm beistehen würde.

David räusperte sich und begann: »Also, Leute. Sie haben alle Zeit gehabt, die Arbeitsgliederungsstruktur, die Planungsberichte und die Kostenberichte zu überprüfen... und... die Tabelle und den Netzplan. Sie haben alle eine Kopie vor sich liegen, und außerdem habe ich alle Unterlagen hier an die Wand gehängt. Der Zweck dieser Besprechung für uns als Gruppe, als Team, besteht darin, mögliche Differenzen, die sich auf jeden dieser Punkte beziehen können, zu lösen. Sagen Sie ruhig alles, was Sie auf dem Herzen haben, und denken Sie daran, daß sich selbst nach dieser Besprechung Dinge noch ändern können.«

»Wieso können sie sich noch ändern? Wir alle haben unsere besten Vorschläge gemacht«, erklärte Ted und schaute sich um, als suche er die Zustimmung der anderen.

Doch niemand unterstützte ihn.

Gott sei Dank, dachte David. »Sie haben recht, Ted. Alle haben tatsächlich ihre besten Vorschläge gemacht, doch bedenken Sie, daß diese Vorschläge für diese Zeitperiode gelten. Jetzt, in diesem Moment. In ein paar Tagen, in einer Woche oder sogar in einem Monat können Dinge sich verändern. Und wenn dies der Fall ist, wollen wir frühzeitig auf diese Veränderungen reagieren können«, erklärte David.

»Das heißt, wir müssen anpassungsfähig sein«, sagte Ted.

»Richtig«, fuhr David fort. »Sie könnten beispielsweise nicht damit einverstanden sein, wie die Arbeitsgliederungsstruktur aufgebaut ist. Oder die Logik der Pläne. Selbst die Schätzungen und Daten für den Beginn und die Vollendung der Aufgaben können neu überprüft werden. Meine Absicht ist es, daß alle Vertrauen in den Plan haben, der von uns als Gruppe und als Team entwickelt wurde.«

»Meiner Ansicht nach sieht die Arbeitsgliederungsstruktur großartig aus. Da ist nur ein Punkt, der mir mißfällt«, bemerkte Sally.

»Worum geht es da, Sally?« fragte David.

»Mir gefällt die Reihenfolge der Aufgaben nicht.«

Sally, die feuerrotes Haar hatte, war bekannt dafür, immer unverblümt ihre Meinung zu sagen. Sie war etwas korpulent, aber dennoch drehten sich alle nach ihr um, wenn sie vorüberging. Sie war laut und fast nie, wenn überhaupt, um eine Antwort verlegen.

»Ja, mir gefällt sie auch nicht. Wie steht es mit Ihnen, Ted?« fragte Frank.

Einige Leute betrachteten Frank als genauen Gegensatz zu Sally. Er sprach leise, ging Konfrontationen aus dem Weg, und es war ein Merkmal seiner Persönlichkeit, immer liebenswürdig zu sein. Er haßte Streit, und irgend jemand hatte ihn einmal zitiert und gesagt, daß er nicht zur Marine gegangen war, weil er nicht gerne Wellen schlug. Oft pflichtete er dem bei, was Sally sagte.

»Für mich scheint alles in Ordnung«, erklärte Ted.

»Einen Augenblick mal«, meldete David sich zu Wort, denn er wollte Mißverständnisse von Anfang an ausräumen. »Die Reihenfolge ist unwichtig. Die Arbeitsgliederungsstruktur sagt Ihnen nur, was getan werden muß, aber nicht in welcher Reihenfolge.«

»Welche Zauberei sagte uns dann, in welcher Reihenfolge die Dinge erledigt werden müssen?« fragte Ted.

»Der Plan. Erinnern Sie sich?« erwiderte David.

»Ach ja, das stimmt, Ted. David hat gesagt, daß er die Aufgaben und Unteraufgaben enthält, die in der Arbeitsgliederungsstruktur aufgelistet sind und die nicht weiter unterteilt werden können. Das ergibt Sinn«, sagte Sally.

»Und die Schätzungen?« meldete sich Frank.

»Was ist mit denen?« fragte David.

»Ja, wo kommen die Schätzungen ins Spiel?« fügte Frank hinzu.

»Ich habe die Schätzungen genommen, die Sie mir alle gegeben haben und habe die Stunden in Fließzeit, in Tage, umgewandelt. Ich bin dabei von einem Acht-Stunden-Tag ausgegangen«, erwiderte David.

»Aber viele Aufgaben in dem Netzplan werden nebeneinander ablaufen. Wie können wir also an mehr als einem Ort gleichzeitig sein?« fragte Frank.

»Sie haben recht, Frank. Natürlich können wir das nicht«, erklärte David. »Das bedeutet, daß ich etwas tun muß, was als Ressourcenglättung bezeichnet wird. Ich muß sichergehen, daß die Planung die Stunden enthält – egal wie begrenzt sie auch sind –, die jeder von Ihnen jeden Tag zur Verfügung steht, und muß diese mit dem zur Verfügung stehenden menschlichen Potential zusammenfassen und schließlich mit dem, was in der Zukunft gebraucht wird.«

»Wollen Sie das hier tun?« fragte Sally. »Jetzt?«

»Das könnten wir tun, aber meiner Meinung nach würde das zu lange dauern. Aber ich möchte Sie darum bitten, die Zeitmenge, die jeder von Ihnen mit den entsprechenden Leuten an diesem Projekt arbeiten wird, zu skizzieren. Dann werde ich mich mit jedem von Ihnen einzeln treffen, um Ihre Zustimmung zu erhalten. Doch im Augenblick brauche ich Ihr Ja für das, was ich hier habe«, sagte David.

»Das sieht meiner Meinung nach gut aus. Ich habe in den 15 Jahren, die ich hier arbeite, noch nie so viel Planung gesehen. Ich freue mich auf die anstehenden Aufgaben, aber bei der Aussicht, meinen Job zu verlieren, fühle ich mich weniger wohl«, erklärte Frank.

»Ich finde, die Planung sieht gut aus, obwohl ich mir einige Sorgen mache, weil die Aufgaben irgendwie so aufeinander gestapelt scheinen. Ich unterschreibe die Arbeitsgliederungsstruktur und die Schätzungen. Aber den Plan werde ich erst unterschreiben, wenn ich die Ergebnisse Ihrer Ressourcen... wie haben Sie doch gleich gesagt?« fragte Sally.

»Glättung. Ressourcenglättung«, antwortete David.

»Ich stimme Sally zu«, erklärte Frank.

»Es scheint also, daß der Plan modifiziert werden muß«, bemerkte David.

»Nicht so sehr von der Logik her, sondern eher von der Anordnung der Aufgaben her. Nehmen Sie beispielsweise meine Aufgabe. In drei Monaten muß ich zehn Tage lang 32 Stunden pro Tag arbeiten, um vier Aufgaben zu erledigen, die nebeneinander laufen. Mein Körper, mein Kopf, meine 24-Stunden-Uhr können das einfach nicht schaffen«, erklärte Sally.

»In Ordnung, Leute, ich sehe Ihre Probleme«, versicherte David den Anwesenden. »Ich reiche die anderen Unterlagen herum, damit Sie sie unterschreiben können, und mache mich dann an die Ressourcenglättung. Ich werde den Plan erneut überarbeiten und werde mich dann mit jedem einzelnen von Ihnen treffen, um Ihr Feedback wegen der Veränderungen zu erhalten. Aber hat irgend jemand hier grundsätzlich an der Logik des Plans etwas auszusetzen? Welche Aufgabe zuerst beginnt und parallel zu anderen verläuft, die gegenseitigen Abhängigkeiten und so weiter?«

»Ich muß sagen, daß Sie großartige Arbeit bei der Planung dieses Projekts geleistet haben«, bemerkte Sally.

»Ja, eine ausgezeichnete Arbeit«, fügte Frank hinzu.

Ted sagte nichts, sondern nickte nur.

»Danke, daß Sie mir Ihre Zeit zur Verfügung gestellt haben«, sagte David. »Und dafür, daß Sie als Team arbeiten wollen. In ein paar Tagen werden wir uns wieder als Team zusammensetzen, doch jetzt muß ich gehen. Ich habe noch eine Besprechung.« David erhob sich vom Tisch, doch bevor er auch nur einen Schritt machen konnte, wurde ihm noch eine Frage gestellt.

»Mit wem?« fragte Ted.

David überlegte kurz, und ein Lächeln überzog sein Gesicht, als er zur Tür ging. »Mit einem Freund«, erwiderte er. »Mit einem sehr weisen Freund.« Und dann verschwand er.

11

Höhen und Tiefen des Projektmanagements

David lehnte sich mit den Ellbogen auf dem Zaun auf. Dann griff er in eine Tasche, holte eine Erdnuß hervor und gab sie einem Elefanten.

Ihr habt's gut, eure Probleme sind erdnußgroß im Vergleich zu meinen, dachte er. Dann griff er in die Tasche und holte noch eine Erdnuß hervor.

Jemand klopfte ihm auf die Schulter, und als er sich umdrehte, sah er den alten Mann. »Noah! Wir müssen miteinander reden – ich habe da ein Problem.«

»Was gibt's für Neuigkeiten?« Noah zog kräftig an seiner Tonpfeife, während er seine blaue Mütze in den Nacken schob.

»Ich habe all die Daten, die ich bisher gesammelt habe, in mein Projektmanagement-Softwarepaket geladen«, berichtete David. »Jetzt muß ich sichergehen, daß ich meinem Kernteam nicht zu viel Arbeit zugemutet habe. Ein Tag hat schließlich nur 24 Stunden.«

»Das ist ein ziemlich langer Arbeitstag. Ich dachte, heute

wären acht Stunden normal«, bemerkte Noah.

»Hören Sie auf, ständig Witze zu machen. Ich meine es ernst«, sagte David.

»Schauen Sie nicht so düster drein. Die Antwort lautet Ressourcenglättung. Sie nehmen eine Ressourcenglättung vor, und Sie lesen Ihren Bericht, der die Form eines Histogramms hat. Glätten Sie die Stellen, an denen Ihr Team aufgrund zu hoher Zeitanforderungen nicht zur Verfügung steht, und schon sind Sie fertig«, erklärte Noah.

»Ein Ressourcenhistogramm? Wie sieht das aus?« fragte David.

»Haben Sie Papier und Bleistift?« fragte Noah.

David reichte ihm das Gewünschte.

»Danke. Es dauert nur einen Augenblick. Hier. So sah eines meiner Histogramme aus, das nicht geglättet war. Es zeigt die Anzahl der Leute, die ich für einen Zeitrahmen von sechs Monaten brauchte. Beachten Sie, daß ich zwischen drei und zehn Leuten brauchte. Und die Summe der Arbeit entsprach 42 Monaten.«

»Noch einen Augenblick eben«, fuhr Noah fort, während er weiter auf das Papier kritzelte. »Hier. Dies ist dasselbe Histogramm, aber geglättet. Sie sehen, daß die Summe ebenfalls 42 Monaten entspricht. Sehen Sie die Spitzen und Täler in dem ungeglätteten Histogramm?«

David nickte.

»Die Spitzen bedeuten mehr Arbeit, während die Täler ein niedrigeres Arbeitsniveau repräsentieren. Das heißt, je höher die Spitze ist, desto mehr Leute brauche ich pro Monat«, erklärte Noah. »Dieses Arbeitsniveau wird von dem Histogramm widergespiegelt.«

»Das geglättete Histogramm sieht besser aus«, bemerkte David.

»Warum?«

»Warum?« wiederholte David, denn es schien ihm ganz einleuchtend. »Weil man sich nicht weiter darum kümmern

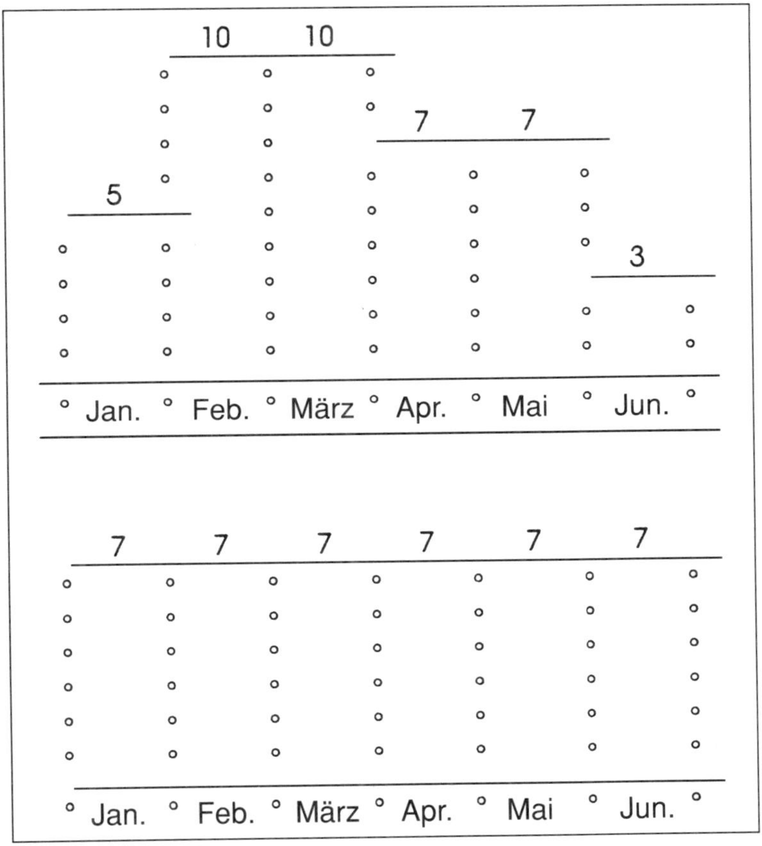

Abb. 3: Histogramm

muß, Leute abzuziehen oder sie beschäftigt zu halten. Außerdem nutzt man die zur Verfügung stehende Zeit optimal.«

»Gut, sehr gut.« Noah zog an seiner Pfeife.

»Die Ressourcenglättung ist mir durch das, was ich gelesen habe, nicht ganz unbekannt. Das Problem besteht darin, wie ich sie in diese Histogramme umsetze«, erklärte David.

»Sie haben ein Team. Sie haben Aufgaben. Sie haben Arbeitstage. Was brauchen Sie noch?«

»Ich weiß nicht, wie ich all diese Faktoren zusammenkriege«, sagte David.

»Offenbar haben Sie doch nicht alles in den Computer eingegeben.«

»Was meinen Sie damit?«

»Genau das, was ich gesagt habe. Ich wette, daß Sie Ihre Leute nicht ihren Aufgaben zugeteilt haben. Ich wette auch, daß Sie Ihren Leuten keine Arbeitstage zugeordnet haben, und damit meine ich *Arbeits*tage, keine Feiertage oder Urlaubstage«, erklärte Noah.

»Sie meinen, daß ich den Aufgaben Leute zuordnen muß und auch die Zahl der Tage, die sie arbeiten?« fragte David. »Ich verstehe – glaube ich.«

»Denken Sie lieber noch etwas mehr nach. Oder lesen Sie das Handbuch Ihrer Projektmanagementsoftware etwas besser. Sie haben eine Menge Geld für Ihr fertiges Softwarepaket bezahlt, und jetzt sollten Sie es auch nutzen«, sagte Noah.

»Ich muß also eingeben, wer an welcher Aufgabe für mehrere Stunden pro Tag arbeiten soll? Das ergibt Sinn. Auf diese Weise werden mir auch die Kosten errechnet, denn meine Software berechnet die Kosten basierend auf unseren Lohnkosten«, erklärte David.

»Sehen Sie? Das war gut angelegtes Geld. Sie müssen nur wissen, wie Sie die Software einsetzen müssen.«

»Ich werde die Software einsetzen, jetzt, wo ich weiß, wie«, sagte David.

Noah lachte und zog nach einmal kräftig an seiner Pfeife, so daß eine süßlich riechende Rauchwolke die Luft erfüllte.

»Das riecht auf jeden Fall besser als das Zeug, das mein Chef raucht«, bemerkte David. »Wissen Sie, es dürfte schwer sein, es so einzurichten, daß niemand mehr als acht Stunden pro Tag an dem Projekt arbeitet, wenn es nicht absolut notwendig ist. Das ist speziell dann der Fall, wenn mehrere Aktivitäten nebeneinander ablaufen. Richtig?«

David merkte, daß Noah nicht antwortete, sondern nur

zuhörte, während er weiter seine Pfeife schmauchte.

»Gehen wir also davon aus, daß jemand mehr als acht Stunden pro Tag an dem Projekt arbeitet. Wie stelle ich es an, daß die Zeit des Betroffenen reduziert wird? Was kann ich tun?« fragte David.

Doch Noah antwortete noch immer nicht.

»Nicht der kleinste Hinweis?« fragte David und seufzte. »Das ist doch der Grund, warum ich mit Ihnen rede, Noah. Sie kennen alle Antworten.« Noah starrte David hart an. »Jaja, ist schon in Ordnung. Sie sind ein zäher alter Mann! Ich werde an den Antworten arbeiten, so wie Sie es auch gemacht haben.«

»Nun, Sie könnten es mit einer anderen Methode versuchen: Augen zu und durch.«

Eine Antwort, dachte David, und lächelte. »Sie meinen, ich könnte den Plan so lassen, wie er ist, und hoffen, daß der Betroffene sich nicht völlig kaputt macht oder mit irgendwelchen Schwierigkeiten konfrontiert wird?«

»Das wäre ein Risiko. Ein kalkuliertes Risiko. Und es ist nicht unbedingt positiv für Sie.«

»Sie haben recht. Ich würde damit ein Risiko eingehen. Ich könnte die Anzahl der Stunden pro Tag reduzieren, um eine Aufgabe fertigzustellen, ohne die Dauer proportional zu erweitern«, sagte David.

»Langfristig gesehen, bringt Ihnen das nicht viel.«

»Sie haben schon wieder recht«, bemerkte David. »Ich müßte die Dauer einer Aktivität erweitern, die sich nicht auf dem kritischen Pfad befand. Wenn ich nicht diesen Unterschied machen würde, könnte ich den Fertigstellungstermin des Projekts hinausschieben um...«

»Um einen Monat oder so. Wo liegt da das Problem?«

»Das Problem dabei ist, daß ich diese Alternative nicht habe. Aber ich könnte die Stunden, die eine Person an einer Aufgabe arbeitet, reduzieren und mehr Leute beschäftigen, um den Unterschied aufzufangen«, sagte David.

»Mehr Leute bedeuten mehr Kommunikationslinien«, rief Noah. »Mehr Kommunikationslinien bedeuten mehr Mitwirkung. Mehr Mitwirkung bedeutet...«

»Daß das Probleme verursachen könnte. Mehr Leute könnten die Produktivität verlangsamen, weil sie erst eine Lernkurve hinter sich bringen müssen, was die Koordination erschwert. Aber mehr Leute zu nehmen, könnte eine Möglichkeit sein«, sagte David.

»Sie könnten den ganzen Plan überarbeiten und ganz von vorn beginnen.«

»Ja, ich könnte auch die Logik des Plans ändern, die Anordnungsbeziehungen zwischen den Aktivitäten neu zuordnen. Ich könnte sogar neu schätzen...«

»Aber das heißt, daß Sie den ganzen Zustimmungsprozeß, den Sie gerade hinter sich gebracht haben, erneut durchgehen müßten.«

David schüttelte den Kopf. »Das würde ich nicht so gerne tun, weil ich die stillschweigende Zustimmung aller für den Plan bereits erhalten habe.«

»Das Leben ist eine Herausforderung, was?«

»Machen Sie sich keine Sorgen, ich bin flexibel. Ich werde alle Alternativen in Betracht ziehen«, sagte David und drehte sich zu dem Elefanten um, der hinter ihm stand.

»Denken Sie nur weiter nach. Die richtige Antwort wird Ihnen schon einfallen.«

»Noah, Sie waren mir eine große Hilfe. Beantworten Sie mir nur noch eine Frage. Warum haben Sie neulich am Telefon aufgelegt?« Er drehte sich um, doch wo Noah gestanden hatte, schwebte nur noch eine Rauchwolke in der Luft.

»Noah?«

12

Sorgen Sie für Kommunikation!

Unzählige Papierstapel lagen auf dem großen runden Tisch, und beide Männer starrten auf die Dokumente, während sie sich unterhielten.

»Hier sind alle Komponenten meines Projektplans. Ich glaube, das wird Sie interessieren«, sagte David.

»Eine ganz schöne Materialsammlung, die Sie hier haben«, bemerkte Harrison, als er begann, den Stapel durchzublättern. »Ich habe die Vereinbarungserklärung gesehen. Hier ist die Arbeitsgliederungsstruktur... der Netzplan... lassen Sie mich mal sehen... der Arbeitsnutzungsbericht... der Kostenbericht zeigt die Kosten pro Aktivität und für das gesamte Projekt... der Planungsbericht, der die Dauer, Stunden, Anfangs- und Endzeitpunkte und die Dauer für jede Aktivität mit den Akkumulationen unten auf der Seite zeigt... der Bericht, der zeigt, wer welchen Aktivitäten zugeteilt ist, und der den Arbeitsumfang beschreibt.«

David holte ein paar Unterlagen aus einer Aktenmappe.

»Und dies hier wird Ihnen besonders gefallen.« Er reichte die Dokumente seinem Chef.

»Histogramme, die die Ressourcennutzung für jeden Mitarbeiter an dem Projekt zeigen. Interessanterweise macht dabei niemand Überstunden. Einen Augenblick mal...« Harrison zog gierig an seiner Zigarre, so daß ein beißender Geruch das Zimmer füllte.

»Was gibt es?«

»Fred, einer von Sallys Leuten arbeitet zwei Wochen lang 17 Stunden pro Tag. Das ist zuviel. Und Ihrem Histogramm zufolge kann Sally ihm niemanden zur Unterstützung geben.«

»Sie haben recht«, stimmte David zu. »Ich muß mit den anderen darüber reden, zumindest teilweise Aushilfskräfte einzustellen. Ich habe alles soweit geglättet, wie es mir möglich war, aber mehr ist nicht drin. Wir brauchen noch eine zusätzliche Person, um den Druck von den anderen zu nehmen.«

»Wie wäre es, wenn jemand aus Franks oder Teds Gruppe Fred hilft?«

»Das wäre eine Möglichkeit, aber niemand hat Freds Fähigkeiten.«

»Ein guter Punkt. Nun, ich werde Ihnen zusätzliche Aushilfskräfte zuteilen müssen«, erklärte Harrison.

»Habe ich irgend etwas übersehen?« fragte David.

»Nicht, soweit ich sehen kann. Tatsächlich habe ich in meiner 23jährigen Berufserfahrung noch nie ein so gut geplantes Projekt gesehen. Ich bin sehr beeindruckt.«

»Danke, Sir.« David konnte sich gerade noch beherrschen, nicht vor Freude loszuschreien.

»Haben die anderen allem hier zugestimmt?«

»Jeder einzelne. Ohne Ausnahme. Ich habe eine zweite Teambesprechung vor unserem jetzigen Termin abgehalten. Sie diente dazu, die endgültige Zustimmung von allen zu dem Histogramm und zum Netzplan zu erhalten. Alle haben alle Dokumente in der oberen rechten Ecke mit ihren Initialen unterschrieben, um ihre Zustimmung und Unterstützung zu dokumentieren, wie Sie sehen können«, sagte David und deutete auf eine Reihe von Initialen auf dem Netzplan.

»Sehr gut.«

»Ich möchte, daß Sie die Unterlagen ebenfalls unterzeichnen«, sagte David lächelnd.

»Darauf können Sie wetten. Ich habe den Eindruck, daß dies sehr gute Pläne sind, aber Sie müssen noch mehr tun.«

»Und das wäre?« Davids Lächeln verflog wieder.

»Sie müssen Ihre Pläne bekanntgeben und sie irgendwie organisieren. Sie haben hier einen Satz sauberer, gut durchdachter Dokumente liegen, aber irgendwie müssen Sie das Ganze etwas besser organisieren. Einen Stapel Unterlagen legt man einfach in einem Aktenordner ab. Sie haben Sie rechtsgültig gemacht, aber jetzt müssen Sie sie besonders kennzeichnen, um ihnen Autorität zu verleihen«, erklärte Harrison.

»Sie haben recht. Ich muß etwas tun. Am besten telefoniere ich kurz mal«, sagte David.

»Telefonieren? Mit wem?« Harrsion nahm die Zigarre aus dem Mund.

»Mit einem Freund. Ein großartiger Bursche. Man könnte sagen, daß er jahrelange Erfahrung hat und gerne Tieren in Not hilft«, erklärte David, während er den Stapel Unterlagen zusammensuchte und sie in seinen schwarzen Aktenkoffer aus Leder steckte. Dann ging er in Richtung Ausgang.

»Ich würde ihn gerne mal kennenlernen.«

»Oh, das haben Sie bereits. Jedenfalls indirekt«, bemerkte David mit einem breiten Lächeln auf dem Gesicht, bevor er leise die Tür hinter sich schloß.

13

Gut organisiert ist halb gewonnen

David saß auf einer Bank und schaute oben von einem Hügel auf die Gorillas herab. Ja, ich bin recht stolz auf mich. Gute Arbeit, die ich da geleistet habe. Am liebsten würde ich mich jetzt wie diese Affen hier sonnen, dachte David. Dann drehte er sich um und erblickte Noah. »Noah, Sie kommen gerade richtig!«

»Wie steht's?« Noah zündete seine Pfeife an, als er sich zu David setzte.

David holte tief Luft, denn er mochte das sanfte, volle Aroma von Noahs Pfeifentabak. »Gut, wirklich gut, Noah. Sie würden stolz auf mich sein. Alle, sogar mein Chef, fanden die Planung, die ich durchgeführt habe, wirklich gut. Und das verdanke ich nur Ihnen.«

»Sie haben also eine Vereinbarungserklärung abgefaßt?« fragte Noah.

»Jawohl«, erwiderte David.

»Daraus haben Sie eine Arbeitsgliederungsstruktur entwickelt?«

»Auch das habe ich getan. Tatsächlich habe ich alles gemacht, was Sie vorgeschlagen haben. Wollen Sie die Pläne sehen? Ich habe sie hier in meiner Aktentasche«, erklärte David.

»Nein, ich glaube Ihnen auch so.«

»Okay, wenn Sie sie nicht sehen wollen, ist das in Ordnung«, bemerkte David.

»Sie sehen überrascht aus, und ein wenig schockiert.«

»Nun, ich habe lange und hart daran gearbeitet. Ich dachte, daß Sie die Früchte dessen, was ich gelernt habe, vielleicht sehen wollen.«

»Das möchte ich auch, aber erst, wenn Sie ganz fertig sind.« Noah legte David seinen Arm um die Schultern und drückte den jungen Mann an sich.

»Aber ich bin fertig«, beharrte David. »Ich habe einen Netzplan fertiggestellt, habe den kritischen Pfad identifiziert, habe Schätzungen...«

»Sie haben die Planung fertiggestellt, aber Sie sind nicht fertig.«

»Sie meinen, daß es noch nicht vorbei ist?« fragte David. »Das verstehe ich nicht.«

»Als wir uns zum erstenmal unterhalten haben, habe ich erwähnt, daß es vier Geheimnisse gibt, die zum Erfolg eines Projekts führen.«

»Das stimmt. Und ich habe erst eins dieser vier Geheimnisse kennengelernt.«

»Wollen Sie erfahren, welches das nächste ist?«

»Natürlich will ich das nächste Geheimnis kennenlernen. Das erste war mehr wert, als ich es mir vorgestellt habe«, sagte David. »Was ist es also?«

»Sie sollten nicht fragen. Sie müssen diese Erfahrung selbst machen.«

»Aha, ich verstehe. Sie wollen, daß ich eine Schlußfolgerung ziehe. Genau wie beim ersten Geheimnis – der Planung.«

»Genau, denn das macht die Geheimnisse viel wertvoller.«

»Was tue ich also jetzt, da die Pläne entwickelt worden sind? Ich nehme an...«

»Keine Annahmen. Keine Vorschläge. Keine überflüssigen Partizipien.«

»Ich nehme dies wirklich nicht auf die leichte Schulter, Noah. Ich freue mich einfach nur an den Früchten meiner Arbeit. Es ist gar nicht so einfach, zu planen, wissen Sie«, sagte David, der langsam ungeduldig wurde.

»Das müssen Sie mir nicht sagen. Meine Arche wog etwa 25 Millionen Pfund – unbeladen. Im Durchschnitt waren das etwa 20 Räume pro Deck, und jeder Raum war 30 mal 45 Fuß groß. Wollen Sie noch mehr hören?«

»Schon gut, schon gut«, lenkte David ein. »Ich weiß, daß ich noch einiges zu erledigen habe. Mir ist klar, daß mir all diese Pläne vorliegen...«

»Wie wollen Sie diese ganzen Informationen weitergeben?«

»Ich werde allen eine Kopie geben«, antwortete David.

»Erstens, glauben Sie, daß alle die Unterlagen lesen werden? Und zweitens, glauben Sie, daß alle das, was geschrieben wurde, befolgen werden?«

»Natürlich weiß ich, daß nicht alle es befolgen werden.«

»Wie können Sie dann damit rechnen, daß alle in dieselbe Richtung marschieren werden? Sie müssen ihr Denken und ihre Aktionen irgendwie aufeinander ausrichten, nicht wahr? Sonst werden Sie große Schwierigkeiten haben, Ihr Projekt zu vollenden«, sagte Noah und zog kräftig an der Pfeife, so daß eine süßlich riechende Rauchwolke seinen Kopf umkreiste.

»Sie wollen mir damit also sagen, daß es einiger Mechanismen bedarf, um sicherzugehen, daß alle wissen, worum es bei diesem Projekt geht und wie die Pläne für die Durchführung aussehen.«

»Wie werden Sie dabei vorgehen?«

»Nun, ich könnte eine Planungsdokumentation und andere nützliche Informationen zusammenstellen.«

»Wie steht es mit einem Projekthandbuch?«

»Ein Projekthandbuch?« fragte David. »Ja, genau. Das könnte ich tun. Ich könnte es in Kapitel unterteilen. Beispielsweise ein Kapitel für Pläne. Ein anderes für Listen, beispielsweise Telefonnummern und Adressen. Ein anderes Kapitel könnte Vorgehensweisen enthalten, die während des gesamten Projekts befolgt werden müssen. Ich könnte auch ein Kapitel für Verschiedenes hinzufügen. Haben Sie ein Handbuch gehabt, Noah?«

»Darauf können Sie wetten, junger Freund!«

»In Ordnung, ich skizziere den Umriß meines Projekthandbuchs für Sie. Nur für Sie«, erklärte Noah. Er legte seine Pfeife auf die Bank und holte einen Stift und einen zusammengefalteten Papierbogen aus der Tasche. Dann begann er zu schreiben. »Hier, so sah die Grundstruktur aus.«

Projekthandbuch

1. Einleitung
2. Zusammenfassung der auszuführenden Arbeiten
3. Umfang
4. Ziele
5. Planung
6. Durchführung
7. Organisation
8. Arbeitsgliederungsstruktur
9. Vorgehensweisen für Verwaltung und Betrieb
10. Zeitpläne
11. Meetings/Lagebesprechungen
12. Finanz-/Ressourcenbedarf
13. Subunternehmer
14. Verschiedenes

»Jetzt habe ich eine Frage an Sie, David. Werden alle eine Kopie erhalten?«

»Darauf können Sie wetten. Ich werde allen am Projekt Beteiligten eine Kopie geben.«

»Großartig. Aber Sie haben immer noch keine Aufgabenbereiche verteilt. Wissen Sie, wer was tun soll.«

»Das ist ein weiteres Problem«, bemerkte David. »Ich weiß einfach nicht, wie ich die Aufgabenbereiche effektiv verteilen soll. Einen Augenblick mal. Eine Matrix! Ich werde eine Matrix zusammenstellen, die zeigt, wer für die Vollendung welcher Aufgaben verantwortlich ist. Sagen Sie mir, Noah, wie sah diese Matrix bei Ihnen aus?«

Noah faltete eine weiße Popcornschachtel auf, legte sie sich auf den Schoß und begann zu skizzieren. »Meine Matrix sah etwa so aus.«

Zuständigkeitsmatrix

Beschreibung		Verantwortung			
		Noah	Sem	Ham	Jafet
1.1	Bedarf identifizieren	X			
1.2	Plan zeichnen		X		
2.1	Spezifikationen vorbereiten	X		X	
2.2	Entwurf festlegen	X	X		X
3.1.1	Kiel bauen	X	X		
3.1.2	Kiel auf Blöcke heben	X	X		
3.1.3	Planken auf den Kiel nageln	X			X
3.1.4	Heck am Kiel befestigen		X	X	X
3.1.5	Achtersteven am Kiel befestigen			X	X
3.1.6	Kielschwein am Kiel befestigen			X	X
4.1	Für Nachschub sorgen	X	X	X	X
4.2	Tiere zusammenholen	X	X	X	X
5.1	Änderungen vornehmen		X	X	

»Wie werden alle an Ihrem Projekt Beteiligten eine Kopie der Matrix erhalten?« fragte Noah.

»Ich kann eine Kopie in das Projekthandbuch legen. Das dürfte funktionieren. Noch etwas?« fragte David.

»Ich weiß, daß es hilft, wenn man mit den Leuten redet, Sie könnten also...«

»Besprechungen? Eine gute Idee«, sagte David. »Aber wann soll ich die Besprechungen abhalten?«

»Es gibt mehr als eine Art von Besprechung. Es gibt...«

»Ich weiß«, unterbrach ihn David. »Ich könnte jeweils eine Besprechung nach der Beendigung jeder größeren Aufgabe abhalten.«

»Genau. Eine Checkpoint-Besprechung zur Überprüfung.«

»Eine was?« fragte David. »Klingt irgendwie nach der Berliner Mauer.«

»Falsch. Man führt eine solche Besprechung durch, um festzustellen, ob das, was getan werden sollte, auch getan wurde, bevor man zum nächsten Punkt übergeht. Sie könnten auch daran denken, Lagebesprechungen abzuhalten.«

»Eine großartige Idee. Das wollte ich gerade selbst erwähnen. Ich werde jede Woche eine Lagebesprechung abhalten. Ich glaube, der Freitag ist ein guter Tag. Bei dieser Besprechung werde ich überprüfen, wie weit jeder Punkt der Planung bereits abgeschlossen ist, und Entscheidungen zu zukünftigen Aktionen treffen«, erklärte David.

»Klingt gut.« Noah zog kräftig an seiner Pfeife und ließ eine violettfarbene Rauchwolke aufsteigen.

»Also, das wär's dann wohl. Ich werde zwei verschiedene Arten von Besprechungen abhalten. Eine nach Abschluß jeder einzelnen Gruppe von Aktivitäten, die zusammen einen Hauptpunkt ausmachen, und eine jede Woche, um die Lage zu besprechen und einzuschätzen.« David holte tief Luft und fragte: »Sind wir jetzt fertig?«

»Noch nicht ganz.«

»Was meinen Sie damit? Das verstehe ich nicht. Ich stelle ein Projekthandbuch zusammen, eine Zuständigkeitsmatrix und halte Besprechungen ab. Was muß ich noch tun?« fragte David.

»Sie müssen Ihren Chef kennen, sein Aufgabengebiet.«

David erwiderte: »Hören Sie, Noah, ich weiß nicht, wem Sie Bericht erstatten, aber ich muß jemand anders Bericht erstatten.«

»Ich kenne die Hackordnung meiner Hierarchie. Kennen Sie die Ihre?«

»Sie erstatten Gott Bericht«, sagte David. »Nun, ich muß auch einer höheren Macht Bericht erstatten. Wir alle erstatten irgend jemandem Bericht.«

»Genau das meine ich, junger Mann.«

»Also wirklich, Sie alter Heimlichtuer. Sie führen mich also zu der Schlußfolgerung, daß ich eine Organisationstabelle entwickeln muß. Was für eine großartige Idee. Ich wette, Sie haben damals keine gehabt.«

»O doch, natürlich«, erwiderte Noah. Er beugte sich vor und angelte sich ein großes Stück braune Pappe, die etwa die Größe eines normalgroßen Buches hatte und zeichnete eine Organisationstabelle auf. »Hier, so sah meine aus.«

»So wie ich es sehe, habe ich 21 Leute aus insgesamt drei Abteilungen, die mich unterstützen«, erklärte David.

»Wie steht es damit, Leiter zu benennen?«

»Was soll ich benennen? Leiter? Bei nur 21 Leuten?«

»Ja. Sie können Arbeit an einen Leiter delegieren, der wiederum an andere Mitglieder seines Teams delegiert. Auf diese Weise sind Sie frei, andere Dinge zu tun.«

»Aber ich habe jetzt auch keine Leiter, und alles läuft wunderbar.«

»Werden Sie Zeit haben, sie zu managen, wenn Sie mit der Durchführung Ihrer Pläne beginnen?«

»Ich muß zugeben, daß es mir bereits jetzt manchmal schwerfällt, sie zu managen«, sagte David. »Manchmal

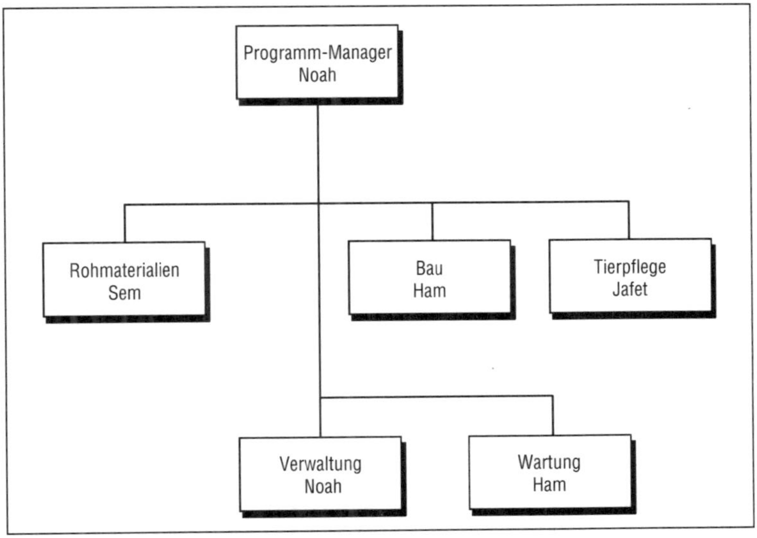

Abb. 4: Organisationstabelle

weiß ich nicht genau, was sie tun und wie gut sie es tun. Das ist neben meiner eigenen Aufgaben eine zusätzliche Last.«

»Kennen Sie den Begriff ›Kontrollspanne‹?«

»Kontrollspanne?«

»Als Manager können Sie nur bis zu sieben Leute managen, die Ihnen direkt Bericht erstatten. Andernfalls verfangen Sie sich in Verwaltungsaufgaben und haben nicht genug oder überhaupt keine Zeit, um Ihre eigenen Aufgaben durchzuführen«, erklärte Noah.

Da kam David eine Idee. »Dieser Definition zufolge könnte ich mein Team in drei Abteilungen aufteilen, die je einen Leiter haben. Ich kann allen Mitgliedern meiner Kernteams Leiter zuordnen. Das würde meine Arbeit erleichtern, so daß ich produktiver sein könnte.«

»Sie müssen also allen sagen, wer wer hier im Zoo ist.«

»Sie haben recht, ich muß allen mitteilen, wer wem Bericht erstatten muß. Ich kann eine Organisationstabelle aufstellen. Daraus wird klar hervorgehen, wer wem Bericht erstatten muß. Noah, Gott hat Sie geschickt.«

»Jetzt haben Sie das zweite Geheimnis entdeckt.« Noah rieb den Pfeifenkopf, als handle es sich um eine Flasche, aus der gleich ein dienstbarer Dämon steigt.

»Tatsächlich?« fragte David. »Wie lautet das zweite Geheimnis? Habe ich es etwa übersehen?«

»Sie haben es nicht übersehen, Sie reden ja gerade davon. Organisation.«

»Organisation?« David spürte, wie das Blut in seinen Adern pulsierte. »Ist es das?«

»Es ist ein großes ES, kein kleines.«

»Jetzt verstehe ich! Wenn ich ein Projekthandbuch erstellt, Daten für meine Besprechungen festgelegt und eine Organisationstabelle veröffentlicht habe, habe ich effektiv ein Kommunikationsmittel mit meinen Teammitgliedern und meinem Management festgelegt. Ich werde auch eine formelle Struktur der Aufgaben und Beziehungen entwickeln«, sagte David.

»Sie sind auf dem besten Weg, aber Sie sind noch nicht ganz fertig.«

»Noch mehr?« David wippte ungeduldig mit dem Bein.

»Eigentlich wäre da noch mehr, aber langsam werde ich müde. Ich habe einen langen Tag gehabt. Wir wollen ein andermal weitermachen. Okay?« Noah klopfte seine Pfeife aus und trat die Asche aus.

»Müde? Ein andermal? Wann? Noah, bitte gehen Sie noch nicht. Ich habe noch mehr Fragen, Noah...« bettelte David.

Doch Noah verschwand bereits so schnell in der Menge, wie David auf die Füße sprang.

»Noah«, murmelte er, »manchmal habe ich das Gefühl, daß Sie der Meinung sind, ich kann dieses Projekt ganz allein handhaben.«

14

Die Pläne dürfen nicht in der Schublade enden

David pfiff die Melodie im Radio mit, als er stehend an einem Tisch arbeitete, der mit Papieren und Ringbüchern übersät war.

»Kommen Sie herein, Harrison«, sagte David, als er die Unterlagen in den Ringbüchern abheftete.

»Was zum Teufel...«

»Ich organisiere nur ein bißchen«, erklärte David.

»Darauf wäre ich nie gekommen. Hier liegen ja überall Papiere rum.«

»Ich stelle ein Projekthandbuch zusammen.«

»Ein was?« Harrison trat etwas näher heran.

»Ein Projekthandbuch. Ich nehme dazu ein Ringbuch und einige Trennblätter. Dann gebe ich jedem Trennblatt eine Überschrift. Sieht wirklich toll aus. Mit diesem hier bin ich noch nicht fertig. Alle Teammitglieder werden ein solches Buch erhalten.« David reichte seinem Chef eins der fertigen Bücher. »Hier, dieses ist schon fertig. Es ist Ihre Kopie.«

»Scheint mir eine Menge Verwaltungskram.« Harrison blätterte ein paar Seiten durch. »Ich habe Ihnen bereits gesagt, daß wir nicht viel Zeit haben...«

»Sir, nehmen Sie sich einen Augenblick Zeit, um durchzusehen, was Ihnen hier vorliegt. Ich glaube, dann werden Sie einen anderen Eindruck bekommen.«

»In Ordnung. Im Zweifelsfall will ich zu Ihren Gunsten entscheiden. Lassen Sie mich mal sehen – hier haben wir ja das Inhaltsverzeichnis.«

»Recht eindrucksvoll, was?« fragte David.

»Das kann man wohl sagen! Der vollständige Projektplan, Listen, die Zuständigkeitsmatrix, eine Organisationstabelle, Verschiedenes. Ich bin wirklich beeindruckt. Wer bekommt noch eine Kopie dieses Handbuches?«

»Jedes Teammitglied«, erwiderte David. »Es ist ein gutes Buch bei Rückfragen.«

»Wer wird es immer auf den neuesten Stand bringen?« Harrison blätterte noch immer die Seiten durch.

David stellte ein weiteres Buch zusammen, während er antwortete. »Ich werde es aktualisieren. Doch wenn mir die Arbeit zuviel wird, delegiere ich die Verantwortung an jemand anders, der nicht an einer Aufgabe des kritischen Pfades arbeitet. Das sollte das Problem lösen.«

»Dieses Handbuch ist wie eine Bibel.«

»Was für ein Zufall«, bemerkte David.

»Wie bitte?«

»Ach, nichts«, sagte David. »Der Vergleich mit der Bibel hat mich nur an jemanden erinnert, das ist alles.«

»Verstehe. Ich sehe, daß das Handbuch informativ und gut strukturiert ist und daß Sie zwei Arten von Besprechungen aufgeführt haben.«

»Richtig. Die Checkpoint-Besprechung zur Überprüfung und die Lagebesprechung.«

»Ich habe die Beschreibungen gelesen. Sie haben aufgeführt, daß jede Besprechung eine Tagesordnung haben muß, die vorher bekanntgegeben wird.«

»Genau. Sie dient dazu, daß jede Besprechung einen bestimmten Verlauf hat«, erklärte David.

»Und Sie meinen, daß jede Besprechung nicht länger als zwei Stunden dauern soll?«

»Das ist richtig«, fuhr David fort. »Ich möchte nicht, daß die Leute viel Zeit in Besprechungen verbringen und die direkte Arbeit für das Projekt vernachlässigen. Es ist nur ein kleiner psychologischer Mechanismus, damit Besprechungen nicht in angeregten Gesprächen ausarten.«

»Ausgezeichnet. Das gefällt mir. Vielleicht werde ich diese Methode sogar bei meinen eigenen Besprechungen einsetzen. Mir ist jedoch aufgefallen, daß eine dritte Art Besprechung fehlt.«

David hielt bei seiner Arbeit inne und schaute seinen Chef an. »Tatsächlich? Was denn?« fragte er.

»Die Mitarbeiterbesprechung.«

»Natürlich, daran hätte ich denken sollen.« David schlug sich an die Stirn. »Die Mitarbeiterbesprechung. Sie haben recht. Die brauche ich, um allgemeine Fragen zu dem Projekt zu klären. Fragen, die in einer Lagebesprechung nicht abgehandelt werden. Das würde mir die Möglichkeit geben, Informationen an Teammitglieder weiterzugeben. Und das Team hätte die Möglichkeit, Fragen anzusprechen, die nichts mit der aktuellen Lage zu tun haben. Auf diese Weise werden auch Kommunikation, Moral und Teamclearing gefördert.«

»Was ist denn Teamclearing? Den Begriff habe ich noch nie gehört. Ist es einer dieser hochgestochenen Ausdrücke, die Sie im College gelernt haben?«

»Beim Teamclearing werden die offenen und emotionalen Gefühle, die man über das Projekt, das Team, die Aktivitäten oder die Dynamik hat und die ungünstig mit der positiven Synergie reagieren könnten, zutage gefördert.«

»Richtig. Jetzt ist mir da noch etwas aufgefallen.«

»Was denn?« fragte David. Wenn es nicht eine Sache ist, dann ist es eine andere, dachte er.

»Sie sollten jetzt nicht beleidigt sein. Ich bin wirklich sehr beeindruckt. Mir ist aufgefallen, daß Sie keine Liste haben, aus der hervorgeht, wer an den verschiedenen Besprechungen teilnehmen sollte«, sagte Harrison. Er schlug eine Seite des Handbuches auf und deutete auf sie. »Sicherlich sieht die Liste für jede Besprechungsart anders aus. Warum sollte jemand an einer Sitzung teilnehmen, der dort nichts zu suchen hat? Und warum jemanden auslassen, der anwesend sein sollte?«

»Ein ausgezeichneter Punkt, Sir. Ich werde eine Liste für jede Besprechung aufstellen. Das ergibt wirklich Sinn. Danke, Chef. Ich wollte wirklich nicht beleidigt klingen, aber es sind so unheimlich viele Einzelheiten zu bedenken«, sagte David und lächelte.

»Wissen Sie was – was Sie bisher getan haben, hilft ungeheuer, all diese Berge von Einzelheiten unter Kontrolle zu bringen. Ich wünschte, ich hätte diese Art von Planung und Organisation bei Projekten gemacht, die ich geleitet habe. Dann hätte ich mir einige Arbeit erspart.« Harrison ging zur Tür, blieb aber noch einmal stehen.

»Danke«, sagte David.

»Was kommt als nächstes?« fragte Harrison.

»Ich muß die Handbücher verteilen. Doch bevor ich das tue, muß ich mich noch mit jemandem treffen – ich meine, ich muß erst noch etwas tun.« Dann machte David sich wieder an die Arbeit und füllte ein weiteres Ringbuch mit Blättern.

»Was denn?« fragte Harrison.

David lächelte und sagte: »Ach, einfach ein paar Dinge, die mir helfen... mich über Wasser zu halten.«

»Genau wie bei mir. Ich habe selbst einiges zu erledigen. Machen Sie weiter so«, sagte Harrison, als er die Tür hinter sich schloß.

15

Sie müssen viel *und* gut arbeiten

David spazierte mit einer Kopie des Projekthandbuchs unter dem Arm durch den Zoo und näherte sich dem alten Mann, der ihm den Rücken zugewandt hatte. Das lange, graue Haar des Mannes und die griechische Fischermütze sagten ihm, daß es sich nur um eine Person handeln konnte. »Noah!«

Der alte Mann drehte sich um, schaute auf und sagte: »Hallo, mein Freund.«

»Ich habe den ganzen Tag noch nichts gegessen. Gehen Sie mit mir hinüber zu dem Imbißstand?« fragte David. »Ich kaufe Ihnen einen Hot dog und eine Cola.«

»Ich bin Vegetarier. Wie steht's mit einer Limonade mit Vanilleeis? Heute ist es wirklich heiß.«

»Okay, dann gebe ich Ihnen eben eine Limonade aus.«

»Was tragen Sie da unter dem Arm? Heben Sie Gewichte?«

David überreichte Noah das Buch. »Das ist mein Projekthandbuch. Ich würde mich freuen, wenn Sie es sich einmal ansehen würden.«

Noah überflog die Seiten und gab ihm das Buch zurück.

Dann zündete er seine Pfeife an und sagte: »Sieht gut aus, aber etwas fehlt.«

»Was stimmt damit nicht? Fehlt irgend etwas? Ich habe wirklich viel Zeit bei der Planung und Zusammenstellung verbracht und...«

»Das weiß ich. Sie waren recht gründlich. Aber was mich angeht, so mag ich Beispiele. Formulare mit Beispielen aus dem echten Leben, die sich auf das Projekt beziehen, wären gut.« Noah zog an seiner Pfeife.

»Formulare?« fragte David. Nicht noch ein Überblick, dachte er. Irgendwo muß es für diese verdammten Überblicke doch eine Grenze geben.

»Ja, Beispiele für Formulare und begleitende Anleitungen, die sich mit dem Wer, Was, Wann, Wo und Wie ihrer Verwaltung befassen.«

»Ich verstehe, daß Formulare wichtig für die Organisation sind. Aber ist das nicht zuviel des Guten?«

»Zuviel des Guten? Hören Sie, David, wenn ich Ihnen eine Aufgabe übertragen würde, würden Sie die dann erledigen?«

»Das würde ich, Noah.«

»Und wie lange würden Sie dafür brauchen?«

»Was ist das denn für eine Frage? Das hängt ganz von der Aufgabe ab.«

»Genau«, bestätigte Noah. »Doch gehen wir einmal davon aus, daß ich Ihnen eine schriftliche Beschreibung mit einem Bild dessen, was ich erzielen möchte, gäbe. Würden Sie dann nicht weniger Zeit brauchen, um die Aufgabe zu vollenden?«

»Ja, das stimmt.«

»Sie hätten dann eine klarere Vorstellung dessen, was erforderlich ist. Und das ist der Zweck von Formularen. Formulare können auch zu einer Standardvorgehensweise werden, damit niemand das Rad neu erfinden muß«, erklärte Noah.

»In Ordnung, die Idee gefällt mir. Aber was für Formulare brauche ich?« fragte David.

»Ich gebe auf! Das sollen *Sie* mir sagen.«

»Okay, ich werde versuchen, es selbst herauszufinden«, stieß David wütend hervor. »Ich brauche ein Formular, um die Lage des Fortschritts bei jeder Aktivität dieses Projekts einzuschätzen. Das heißt, wann jede Aktivität beginnt und endet und die prozentuelle Fertigstellung innerhalb des Zeitrahmens.«

»Das ist alles?«

»Meinen Sie, ich brauche noch ein Formular?« fragte David.

»Wie steht es mit den Bereichen, die Ihnen Sorgen bereiten und die zu Ihren Projektplänen direkt in Beziehung stehen, aber nicht spezifisch identifiziert werden?«

»Sie meinen irgendeinen Mechanismus, der Probleme aufzeichnet, die angesprochen werden müssen, aber nicht Teil der Projektpläne sind?« fragte David.

»Vielleicht noch ein Formular?«

»Ich könnte ein Formular entwickeln, das solche Probleme aufnehmen würde«, erklärte David. »Auf diese Weise kann ich alle Informationen zusammenstellen, die Probleme lösen, so wie sie entstehen.«

»Gut. Vielleicht sollten Sie noch ein weiteres Formular in Betracht ziehen.«

»Noch eins? Warten Sie... Ich werde ein Formular entwerfen, um Bitten um Änderung der Planung, des Budgets und der Projektdurchführung aufzunehmen. Wissen Sie, ein Kontrollprotokoll für Veränderungen.« David lächelte.

Noah stieß eine große Rauchwolke aus. »Sie sind noch nicht fertig. Wie steht es mit eingekauften Artikeln?«

»Für Einkäufe, was?« fragte David, der den angenehmen Duft des Tabakrauches einsog. »Ich werde ein Bestellformular zusammenstellen. Wahrscheinlich gibt es so etwas schon für den Zoo, und das werde ich benutzen. Schließlich will ich nicht das Rad neu erfinden.«

»Sie arbeiten. Ihr Team arbeitet. Wie sieht es mit einem Formular aus, das...«

»Arbeitsnutzung. Auch dafür habe ich schon eine Idee. Ich werde ein Formular zusammenstellen, das die täglich ausgeführte Arbeit protokolliert. Ich werde es nur für Subunternehmer einsetzen.«

»Jetzt, wo Sie ein Formular für die Arbeitskräfte haben, wie steht es da mit einem Formular für die maschinelle Arbeit?«

»Maschinelle Arbeit? Sie meinen solche Sachen wie das Anmieten von Gabelstaplern und Abbruchgeräten?« fragte David. »Großartige Idee. Dafür werde ich ebenfalls ein Formular zusammenstellen.«

»Vielleicht gibt es hier im Zoo schon eins. Sie entwickeln hier ein Muster.«

»Das sehe ich. Ich brauche einen Satz Formulare, die sich auf Planung, Budget und Qualität beziehen. Klug. Wirklich klug. Also, das ist dann wohl alles?« fragte David. Bitte, sag ja, dachte er. Nur ein wenig Gnade, bitte.

»Falsch geraten, mein Freund. Sie müssen Berichte über ihre Arbeit schreiben.«

»Berichte? Sie meinen, ich brauche eine Berichtemappe?«

»Ja, und zusätzliche Anleitungen, wie sie interpretiert werden sollten.«

»Sie haben recht. Ich bin mir sicher, daß ich Berichte brauche, die die drei gerade erwähnten Bereiche betreffen: Planung, Budget, Qualität.«

»Was für Berichte brauchen Sie für diese Bereiche? Fangen Sie mit der Planung an.«

David nickte weniger aus Zustimmung, sondern eher, weil er sich in sein Schicksal fügte. »In Ordnung. Ich stelle einen Bericht zusammen, der jede Aktivität auflistet, den geplanten und tatsächlichen Anfangs- und Endzeitpunkt und die verbleibende Dauer für die noch nicht beendeten oder begonnenen Aktivitäten und für die Pufferzeit angibt. Der Bericht wird auch die geschätzten Fertigstellungsdaten, basierend auf dem tatsächlichen Fortschritt aller Aktivitäten und für Aktivitäten, die noch nicht fertig sind, angeben und ein geschätztes Fertigstellungsdatum für das gesamte Projekt.«

»Noch etwas?«

»Sie fragen mich? Also, ich kann auch eine Tabelle oder einen Netzplan produzieren oder beides, in denen der vollendete Prozentsatz für jede Aktivität gezeigt wird.«

»Gut. Jetzt das Budget.«

»Was das Budget angeht, so habe ich auch hier eine Antwort. Ich werde einen Bericht verfassen, der die geplanten und tatsächlich ausgegebenen Geldsummen für jede Aktivität und für das gesamte Projekt bis zu der Zeit auflistet, in der der Bericht erstellt wurde. Er wird auch eine Projektion dessen enthalten, was für jede Aktivität ausgegeben wird, wenn sie zu 100 Prozent fertiggestellt ist. Und ich werde ähnliche Berichte für die Arbeitsnutzung aufstellen«, sagte David.

»Dann wollen wir uns jetzt mit der Qualität befassen.«

»Ach ja, was die Qualität angeht, so werde ich eine Liste aller Probleme erstellen, die in dem Problemeformular und in den Kontrollformularen für Veränderungen identifiziert wurden. Dieser zusammenfassende Bericht wird folgende Dinge auflisten: den Zeitpunkt, wann das jeweilige Ereignis stattgefunden hat, eine Beschreibung und die aktuelle Lage sowie ein projiziertes Datum für die Lösung«, erklärte David. »Wie finden Sie das?«

»Großartig. Jetzt, da Sie diese wunderbaren Berichte haben, was werden Sie mit ihnen tun?« Noah begann, Rauchkringel in die Luft zu blasen.

»Mmh... Ich werde all dieses Material dem Projekthandbuch hinzufügen. Ich wußte, daß da etwas fehlt, aber ich wußte nicht, was es war. Um ehrlich zu sein, Noah, ich glaube, im Grunde mußte ich gar nicht mit Ihnen reden. Es scheint, daß ich bereits alle Antworten parat hatte. Ich mußte sie nur laut mit jemandem diskutieren«, erklärte David.

»Warum nerven Sie mich dann? Schließlich habe ich auch noch andere Dinge zu tun. Daran haben Sie wohl noch nie gedacht, oder?«

»Also, Noah, jetzt seien Sie mal nicht so empfindlich«, erwiderte David. Er schaute in die Sonne und wurde geblendet. Als er wieder klar sehen konnte, war Noah bereits verschwunden. »Wo sind Sie hingegangen? Sie sind doch nicht für immer weg, oder? Noah?«

16

Um die Bürokratie kommt man nicht herum

Alle Teammitglieder saßen dicht gedrängt um einen langen, schmalen Mahagonitisch. David saß, von zwei Overheadprojektoren eingerahmt, am oberen Ende des Tisches. Vor jedem Anwesenden lag ein weißes Ringbuch.

»Ich freue mich, daß alle diese Startbesprechung für unser Projekt besuchen konnten«, erklärte David mit ernstem Gesicht. »Vor Ihnen liegt ein Ringbuch. Das ist Ihre Kopie des Projekthandbuchs. Darin werden Sie die Informationen finden, die Sie für die Arbeit an unserem Projekt brauchen.«

»Enthält es auch die Arbeitsgliederungsstruktur, die wir entwickelt haben?« fragte Ted.

»Natürlich«, erwiderte David.

»Und die Planung?« fragte Sally.

»Ganz genau.«

»Wie sieht es mit gutem Material zum Nachschlagen aus, beispielsweise einer Telefonliste und einer Liste der Geräte?« fragte Frank.

»Es ist alles vorhanden. Ich denke, Sie werden alles finden, was Sie suchen.«

»Ich habe ein Problem«, erklärte Ted.

»Und das wäre?« fragte David.

»Ich möchte Sie nicht beleidigen, aber dieses Handbuch scheint mir nichts anderes als ein Haufen bürokratischer Verwaltungskram. Je mehr Zeit ich damit verbringe, mir das ganze Zeug hier durchzulesen, desto weniger Zeit habe ich, richtige Arbeit zu tun. Und ich muß eine Menge Arbeit erledigen – genau wie die anderen auch«, erklärte Ted.

David saß schweigend mit überraschtem Gesicht da.

»Genau, Papierkrieg«, fuhr Ted fort. »Sehen Sie selbst. Hier haben wir Diagramme... Tabellen... Listen... Formulare... Berichte... Jede Menge Papierkram. Ich werde mich mehr auf Schreibarbeiten konzentrieren als auf den Job.«

»Ja, wenn ich es mir so recht überlege, stimmt es, was er sagt«, fügte Sally hinzu.

»Genau«, bemerkte Frank.

»Einen Augenblick mal, Leute. Niemand sollte voreilige Schlüsse ziehen«, sagte David.

»Warum nicht? Ich meine, nur weil wir ein Handbuch so dick wie Moby Dick haben, hat das doch noch nichts zu bedeuten, richtig? Welchen Wert hat es schon? Es sieht professionell aus, aber das ist auch schon alles«, beharrte Ted mit sarkastischem Blick.

David bemühte sich, ruhig zu bleiben. »Es ist ein Referenzhandbuch. Das ist alles. Natürlich müssen Sie Formulare ausfüllen. Aber die gibt es eigentlich bei fast jedem Projekt. Und ja, Sie werden Berichte erhalten. Aber damit hat sich's auch schon. Sehen Sie es von diesem Standpunkt aus, Ted. Nehmen wir an, daß Sie Informationen darüber brauchen, wie Sie bestimmte Geräte bestellen müssen, um eine Aufgabe zu erledigen, was würden Sie dann normalerweise tun?«

»Ich würde mir das entsprechende Formular suchen, es

ausfüllen und dem zuständigen Sachbearbeiter geben. Wahrscheinlich müßte ich jemanden wie Fred um die Informationen bitten«, erwiderte Ted.

Jetzt lächelte David und sagte: »Damit haben Sie meinen Standpunkt gerade bewiesen.«

»Wie das?« fragte Ted. Sein Gesicht lief puterrot an, als er schwer schluckte.

»Sie müßten die Menge Ihrer produktiven Zeit verringern, um das Formular zu finden und es weiter zu verarbeiten. Außerdem müßten Sie jemand anders, möglicherweise Fred, unterbrechen, um die Antwort zu erhalten. Jetzt verlieren also schon zwei Leute produktive Zeit«, erklärte David. *Touché,* dachte er.

»Ja, aber meine Zeit ist vielleicht nicht so wichtig«, sagte Ted.

»Da kann ich nur zustimmen«, bemerkte Sally lachend.

Jetzt meldete sich Frank zur Wort: »Ja, aber wenn das gesamte Team seine produktive Zeit reduziert, um Verwaltungsaufgaben zu handhaben, summiert sich das ganz schön. Und wie steht es mit den Formularen, die noch nicht erstellt wurden? Was ist dann? Mehr Zeitverschwendung. Und nicht nur das – alle werden Zeit damit verbringen, eigene Formulare zu erfinden. Das ist eine Verdopplung der Mühe. Also geht noch mehr produktive Zeit verloren.«

»Ein guter Punkt«, bemerkte Ted.

»Damit schließe ich meinen Beweisvortrag ab«, erklärte Frank. »Doch wer wird das Projekthandbuch immer auf dem neuesten Stand halten?«

»Darauf gehe ich gleich ein.« David sah, wie Sally leise applaudierte, und sagte dann: »Ich habe diesen Konferenzraum aus einem bestimmten Grund gewählt: Hier gibt es zwei Overheadprojektoren.« Er deutete erst auf den einen, dann auf den anderen Projektor. »Mit dem einen Projektor werden ich den Netzplan zeigen und mit dem anderen die

Zuständigkeitsmatrix. Alles Material, das ich hier zeigen werde, ist in dem Projekthandbuch enthalten.«

»So können wir uns also alle gleichzeitig dasselbe ansehen. Das schließt Verwirrung aus. Gut gedacht«, sagte Sally.

»Danke. Schauen Sie sich den Netzplan rechts an. Die rote Linie zeigt den kritischen Pfad. Betrachten Sie jetzt die Aktivitäten in der Zuständigkeitsmatrix. Wer erscheint nicht in dem kritischen Pfad?«

»Ich«, sagte Frank.

»Das ist richtig. Sie sind daher derjenige, der das Handbuch aktualisieren wird«, erklärte David. »Das beantwortet Ihre Frage.«

»Herzlichen Dank«, bemerkte Frank.

»Es ist wichtiger, als Sie vielleicht denken, Frank«, fuhr David fort. »Wir, das heißt das ganze Team, müssen mit demselben Satz an Formularen, Berichten und Anleitungen arbeiten. Sie werden uns helfen, ehrlich zu bleiben. Ted und Sally, Sie arbeiten zusammen an der ersten Aktivität, und diese ist Teil des kritischen Pfades. Der Anfangstermin ist heute, und die Aufgabe muß in drei Wochen erledigt sein. Brauchen Sie irgend etwas, um diese Aktivität zu vollenden? Haben Sie irgendwelche Probleme?«

»Wir brauchen etwas technische Unterstützung, vorzugsweise von Ingenieuren. Wir haben nicht die nötigen Vorgehensweisen, um einige Tiergehege abzubauen, ohne den Tieren wehzutun«, erklärte Sally.

»Das ist ein guter Punkt«, fügte Ted hinzu. »Mit dieser Sache haben wir tatsächlich nicht viel Erfahrung.«

»Warum rufen Sie nicht das technische Unternehmen an, an das wir uns immer wenden, um zu sehen, welchen Rat man Ihnen geben kann? Ich habe die Telefonnummer hier. Kommen Sie nach der Besprechung zu mir. Sehen Sie jetzt die Bedeutung von all dem hier?« fragte David.

»Natürlich, aber da gibt es noch ein Problem, David«, sagte Ted.

»Und das wäre?«

»Wie überprüfen wir Ihren Plänen entsprechend, wie gut wir arbeiten?«

»Eine gute Frage, Ted. Doch denken Sie daran, daß es *unsere* Pläne sind, nicht nur meine. Schließlich haben Sie sie auch unterschrieben. Sehen Sie Ihre Unterschrift auf der Planung? Wir sitzen alle in einem Boot.«

»Ich weiß, daß ich unterschrieben habe«, erklärte Ted seufzend. »Genau wie die anderen auch.«

»Gut. Wenn Sie keine weiteren Fragen mehr haben, sehe ich Sie zu unserer Lagebesprechung in vier Tagen. Für diese Besprechung werde ich morgen eine Tagesordnung verteilen. Bis dann also«, fügte David hinzu, »lassen Sie uns gute Arbeit leisten.«

David verließ das Konferenzzimmer, aber jetzt überzog ein Lächeln sein Gesicht.

17

Den Wald trotz aller Bäume sehen

David drückte auf die Tasten seines Telefons. Das Klingelzeichen ertönte sehr lange, bis jemand abhob.

»Noah? Sind Sie es?«

»Ja, ich bin am Apparat«, sagte Noah.

Ein breites Lächeln überzog Davids Gesicht. »Mein Gott, ich versuche schon seit einer Woche, Sie zu erreichen.«

»Ich war unterwegs.«

»Ich hatte schon gedacht, Sie seien wütend und hätten beschlossen, mir nicht mehr zu helfen. Es ist wirklich gut, Ihre Stimme zu hören.« Danke, lieber Gott, dachte David, während er an die Decke starrte.

»Also, erzählen Sie mir mal, was Sie bis jetzt wissen.«

»Sie meinen, was ich bisher gelernt habe? Also, eine ganze Menge«, erklärte David.

»Eine Menge was? Kauderwelsch?«

»Ich will Sie nicht veräppeln, Noah«, fuhr David fort. »Ich sage die Wahrheit. Sie haben mir wirklich viel beigebracht.«

»Tatsächlich? Dann ist es jetzt an der Zeit für ein Quiz. Geben Sie mir eine Übersicht über die Fortschritte Ihres Projekts.«

»Natürlich, Noah, gerne. Bisher habe ich zwei Geheimnisse kennengelernt.«

»Und die wären?«

»Darauf komme ich jetzt zu sprechen. Als erstes habe ich gelernt, daß ich einen Plan brauche, bevor ich in dem Projekt aktiv werde.«

»Und das andere?«

»Einen Augenblick, Noah. Lassen Sie mich zu Ende reden«, sagte David und holte tief Luft. »Erinnern Sie sich, daß Sie mich gelehrt haben, geduldig zu sein? Also, bei der Planung bedarf es mehrerer Aktionen. Ich muß eine Vereinbarungserklärung entwickeln, die auf hoher Ebene erklärt, was erzielt werden soll, welche Hauptaufgaben durchgeführt werden müssen, vor welchen Beschränkungen ich möglicherweise stehe und welche Unterstützung ich brauche. Dann kann ich eine Arbeitsgliederungsstruktur entwickeln.«

»Und was ist die Arbeitsgliederungsstruktur?«

»Auch das weiß ich. Es handelt sich um eine Liste von Aufgaben, die von einer allgemeinen Stufe in spezifischere Einzelheiten erweitert werden. Mit der Arbeitsgliederungsstruktur baue ich einen Netzplan auf, der die logischen Beziehungen zwischen den Aufgaben zeigt.«

»Sie verwenden es auch, um Anfangs- und Endzeitpunkte festzulegen und...«

»Das stimmt, Noah. Man verwendet es, um die Anfangs- und Endzeitpunkte sowie die Pufferzeit für jede Aufgabe zu berechnen. Natürlich brauchen Sie dazu die Schätzungen, die besagen, wie lange es dauern wird, die einzelnen Aufgaben zu vollenden.«

»Und der kritische Pfad?«

»Natürlich weiß ich, was der kritische Pfad ist. Es ist der

Pfad durch den Netzplan, der sich nicht über seinen geschätzten Endzeitpunkt hinaus verschieben kann, ohne den geschätzten Fertigstellungstermin des gesamten Projekts zu beeinflussen«, sagte David.

»Ich bin zufrieden mit Ihnen.«

David fuchtelte mit den Armen herum, als er sich den Telefonhörer zwischen Kopf und Schulter klemmte. »Freut mich, daß Sie zufrieden sind. Jetzt komme ich zu Ihrem zweiten Geheimnis, der Organisation.«

»Also los.«

»Dabei geht es darum, Mechanismen für eine effektive Kommunikation einzusetzen und eine formelle Struktur von Aufgaben und Autoritäten festzulegen.«

»Aus welchem Lehrbuch stammt denn diese Definition?«

»Nein, das habe ich in keinem Lehrbuch gelesen – Sie haben mir das beigebracht«, sagte David.

»Ich muß doch klüger sein, als ich dachte. Worum geht es dabei?«

»Dabei geht es um die Entwicklung eines Projekthandbuchs«, erklärte David. »Die Zusammenstellung verschiedener Arten von Besprechungen. Die Vorbereitung und Verteilung einer Organisationstabelle. Der Aufbau einer Zuständigkeitsmatrix. Mit anderen Worten – alles aufeinander abzustimmen.«

»Scheint mir, daß Sie alles verstanden haben. Sie sehen das Gesamtbild.«

»Also, Noah, Sie haben mir gesagt, daß es insgesamt vier Geheimnisse gibt, und Sie haben mir bewiesen, daß die ersten beiden funktionieren. Jetzt bin ich bereit für die anderen beiden«, erklärte David. Bitte sagen Sie sie mir, Noah, dachte er. Er wollte sie unbedingt erfahren, selbst wenn er dafür auf die Knie fallen müßte.

»Ich glaube, Sie sind klug genug, die beiden Geheimnisse für sich selbst herauszufinden.«

Irgendwie wußte ich, daß er das sagen würde, dachte David. »Ich verstehe, Sie möchten, daß ich die anderen beiden entdecke. In Ordnung, welches ist also das dritte?«

»Ich sage Ihnen, daß Sie die anderen beiden selbst entdecken sollen. Sie sagen, daß Sie alles verstehen, fragen mich aber gleichzeitig, wie das dritte Geheimnis lautet! Das kann ich Ihnen jetzt nicht sagen.«

»Warum wollen Sie es mir nicht am Telefon sagen? Es ist doch kein Staatsgeheimnis, oder?«

»Es gibt bestimmte Dinge, die ich einfach nicht gerne am Telefon mitteile.«

»Okay, Sie haben gewonnen. Wie sieht es mit einem Treffen aus? In etwa einer Stunde im Zoo?« fragte David.

»Vielleicht lieber in 73 Stunden?«

»Sie meinen in einer Stunde und drei Tagen. Im Zoo? Ich verstehe nicht...«

»Ihr Projekt ist doch jetzt angelaufen, nicht wahr?«

»Natürlich ist das Projekt angelaufen, aber...«

»Wir wollen uns weiter unterhalten, wenn Sie Schwierigkeiten überwinden müssen«, erklärte Noah. »Aber im Augenblick bin ich gerade beschäftigt.«

»Wir sollen warten, bis ich vor Problemen nicht weiter weiß?« fragte David.

»Ganz genau. Wenn es soweit ist, rufen Sie mich an.« Mit diesen Worten legte Noah auf.

Noah, warum hängen Sie auf und lassen mich so abrupt allein? dachte David.

18

Haben Sie die Veränderungen im Griff, oder haben die Veränderungen Sie im Griff?

Die Tür flog auf und schlug gegen die Wand, als Harrison in Davids Büro stürmte.

»Was ist denn los?« fragte David.

Harrison rang die Hände und verzog das Gesicht. »Alles, einfach alles.«

»Setzen Sie sich«, sagte David und deutete auf den Stuhl, der an seinem Schreibtisch stand. »Sie sehen ja völlig durcheinander aus.«

»Das ist auch nicht weiter verwunderlich. Und Sie werden auch nervös sein, wenn ich Ihnen alles erzählt habe.« Mit diesen Worten setzte sich Harrison.

»Lassen Sie mich raten – man will uns feuern«, sagte David.

»Nein. Zumindest jetzt noch nicht«, erklärte Harrison. »Ich habe gerade eine Nachricht von Craig Yuggenheim erhalten. Er und seine Familie wünschen, daß das Projekt zwei Monate früher als geplant fertiggestellt wird. Außerdem kürzt er das Geld für dieses Projekt um zehn Prozent und reduziert außerdem die Mittel für die Arbeitskräfte.« Verzweifelt hob er die Hände.

»Mein Gott, wir haben nicht einmal einen Monat dieses Projekts hinter uns gebracht, und schon schlägt das Schicksal mit aller Macht zu«, sagte David.

»Da gibt es noch ein Problem.«

»Und das wäre?«

»Also, David, ich habe ihm Ihre Pläne gezeigt. Er war ziemlich beeindruckt, ja, sie haben ihm richtig gefallen.«

»Großartig.«

»Aber das ist nicht so gut, wie Sie vielleicht denken.«

»Was meinen Sie damit?« David hatte noch nie ein Kompliment bekommen, das etwas Schlechtes nach sich gezogen hatte.

»Er will Ihre Pläne für die Veränderungen sehen, die ich gerade erwähnt habe. Und zwar bald.«

»Aber...«

»Ich meine, in zwei Tagen. So bald schon. Andernfalls wird er andere Alternativen in Betracht ziehen.«

»Und das heißt?« fragte David, doch er kannte die Antwort bereits.

»Die sofortige Beendigung unserer Arbeitsbeziehung und die Schlachtung der Tiere.«

»Wie bitte?« rief David. »Das kann er doch nicht tun. Damit kommt er nicht durch.«

»Ach nein? Wer sagt denn das?«

»Die Tierschützer zum Beispiel.«

»Hören Sie, genug von diesen Gefühlsausbrüchen. Wir müssen, das heißt, *Sie* müssen jetzt ganz schön Ihren Kopf anstrengen.«

»Das ist es, was mir so an Ihnen gefällt: Ihre Fähigkeit, immer den Kern der Sache zu treffen«, bemerkte David.

»Ich bin schon einige Zeit länger als Sie im Geschäft. Und ich habe schon sehr viel mehr erlebt.«

»Warum hat man den Termin geändert?« fragte David. »Das verstehe ich nicht.«

»Geld. Die Habeas Corporation hat für das Zoogrundstück 25 Prozent mehr angeboten, wenn die Yuggenheims das Gelände zwei Monate früher übergeben können.«

»Wow, das ist ein ziemlich großer Anreiz. Aber ich weiß nicht, wie wir uns diesen veränderten Umständen anpassen können, Chef.«

»Das sollten Sie aber, mein Junge. Setzen Sie Ihre Planungsfähigkeiten ein. Setzen Sie Ihr Organisationstalent ein. Nutzen Sie all Ihre Fähigkeiten. Sie haben es ja schon einmal bewiesen, und jetzt sollten Sie es wieder tun. Also, ich muß weiter.« Harrison sprang auf und eilte aus dem Zimmer.

David hatte sich noch nie so allein und verlassen gefühlt. »Noah, ich werde Sie wieder anrufen, ob es Ihnen nun gefällt oder nicht«, murmelte er. Er nahm den Hörer ab und wählte Freephone-NOAH, aber das Telefon schien ewig zu klingeln.

»Hallo.«

David erkannte die Stimme gleich. »Hören Sie, Noah, ich weiß, daß wir gerade erst miteinander gesprochen haben, aber ich muß sofort mit Ihnen reden. Aber nicht am Telefon. Können wir uns irgendwo treffen?«

»Also gut. Im Zoo?«

»Wo im Zoo?«

»Nicht bei den Affen.«

»Am Elefantengehege? Ich bringe Ihnen was zu Essen mit. Ihre Lieblingsplätzchen – Tierkekse«, sagte David.

»Und bitte auch etwas kalte Milch.«

»Noah, Sie hören nie auf, mich in Erstaunen zu versetzen. Können Sie etwa in 30 Minuten da sein?«

»Bis gleich.«

David hörte das vertraute Klicken in der Leitung. »Großartig, Noah, Gott hat Sie geschickt!« sagte er.

19

Management of Change

Noah saß auf einer Bank und rauchte seine Pfeife, während er beobachtete, wie die Elefanten sich sonnten.

»Da sind Sie ja«, sagte David und setzte sich zu dem alten Mann. »Ich bin froh, daß Sie kommen konnten.«

»Ein schöner Tag heute«, bemerkte Noah, schob die Fischermütze in den Nacken, stopfte sich Tabak in die Pfeife und zündete sie an. Bald schwebte der vertraute süße Rauch über den beiden.

»Hören Sie, ich weiß, daß Sie viel zu tun haben, genau wie ich, daher möchte ich gleich zum Thema kommen«, erklärte David. Aus der braunen Tüte, die er mitgebracht hatte, holte er eine kleine Packung Milch und eine Packung Tierkekse.

»Ich verstehe. Worum geht es denn?« Noah nahm sich die Kekse, legte die Pfeife weg und begann zu essen.

»Also, mein Chef hat gerade eine Bombe hochgehen lassen«, berichtete David.

»Das klingt ja dramatisch. Will man Sie feuern?« fragte Noah mit vollem Mund.

»Nein, ich werde nicht entlassen«, erklärte David seufzend. »Aber möglich wäre es doch. Die Yuggenheim-Familie hat Interesse daran, mit der Habeas Corporation ein neues Geschäft abzuschließen.«

»Tatsächlich?«

»Die Familie will das Übergabedatum um zwei Monate vorverlegen«, berichtete David.

»Ist das alles?«

»Nein, das ist nicht alles«, fuhr David fort. »Man will auch den Mitarbeiterstab um die Hälfte kürzen.«

»Ist das alles?« fragte Noah.

»Ich bin froh, daß Sie es so leicht nehmen, Noah. Nein, es kommt noch schlimmer. Man will auch die Ausgaben um zehn Prozent kürzen. Innerhalb von zwei Tagen soll ich ›neue‹ Pläne entwickeln. Diese Pläne werden dann Craig Yuggenheim, dem Chef des Unternehmens, vorgelegt.«

»Denken Sie positiv. Man wird auf Sie aufmerksam werden.« Noah wischte sich Milch und Krümel vom Kinn und schob wieder die Pfeife in den Mund.

»Sie machen Witze. Jetzt wissen Sie, warum ich unbedingt mit Ihnen sprechen mußte«, sagte David.

Noah reichte David die leere Milchtüte und die Schachtel Kekse. »Eigentlich nicht. Haben Sie aus dieser Erfahrung irgend etwas gelernt?«

»Was meinen Sie damit – ob ich irgend etwas daraus gelernt habe?« Ich bin hierher gekommen, um aus dieser Erfahrung zu lernen, dachte er. Mit den Händen zerdrückte er die Milchpackung und die Plätzchenschachtel, um so die Spannung in seinem Innern etwas abzubauen.

»Ich meine damit eine Planung für unvorhergesehene Ereignisse. Einen Ersatzplan. Eine zweite Möglichkeit, wenn irgend etwas Unerwartetes eintritt. Ihr Projekt ist ein gutes Beispiel für einen solchen Notfallplan«, erklärte Noah.

»Aber es kam völlig unerwartet. Ich war einfach nicht darauf vorbereitet.«

»Haben Sie sich jemals duelliert? Mit Säbeln, meine ich?«

»Fechten? Sie meinen Fechten? Nein, das habe ich nicht.«

»Im Fechten gibt es einen bestimmten Begriff für ›die Kampfposition einnehmen‹, er lautet ›*en garde!*‹. Und Sie, mein junger Freund, waren nicht auf der Hut«, belehrte Noah ihn. »Planen Sie für das Unerwartete. Was würden Sie beispielsweise tun, wenn plötzlich Ihr Computer den Geist aufgeben würde und die Arbeit eines Monats verloren wäre? Oder wie steht es mit Ihrem Wagen, dieses technische Wunder, das Ihnen sagt, wie hoch der Reifendruck ist? Was würde passieren, wenn der Wagen eines Morgens nicht anspringen würde?«

»Das ist einfach. Ich würde entweder einen Freund bitten, mich zur Arbeit zu fahren, oder den Bus nehmen.«

»Das ist also Ihre Notfallsplanung für das Auto. Wie steht es mit dem Computer?«

»Darüber habe ich noch nie nachgedacht.«

»Dann sollten Sie damit anfangen.«

»In Ordnung«, sagte David und schüttelte den Kopf. »Ich akzeptiere die Tatsache, daß ich mich um eine Art Notfallplanung hätte kümmern müssen. Ich habe also einen Fehler gemacht, und das wird mir nicht noch einmal passieren. Ich werde das alte englische Sprichwort befolgen, das da lautet: Hoffe aufs Beste, aber bereite dich aufs Schlimmste vor.«

»Ganz richtig.«

»Sagen Sie mir, Noah, jetzt, da ich aus meinen Fehlern gelernt habe, wie gehe ich bei einer Neuplanung vor?« David warf die Milchtüte und die Keksschachtel in einen Abfalleimer in der Nähe.

»Bevor Sie mit der Neuplanung beginnen, müssen Sie sich erst mit dem Management of Change befassen«, erklärte Noah und ein leichtes Lächeln überzog sein Gesicht. »Wenn beispielsweise die Kleidung eines Babys schmutzig wird, muß es umgezogen werden. Bei der Neuplanung geht es darum, saubere Kleidung anzuziehen. Beim Management of Change jedoch geht es um die nötigen Vorgehensweisen, um diesen Wechsel in saubere Kleidung effektiv durchzuführen.«

»Management of Change? Ich verstehe nicht, was daran so wichtig ist«, bemerkte David. »Wir entwickeln unterschiedliche Pläne, und alle befolgen sie. Das ist alles.«

»Nur weil dies schriftlich festgelegt und vom oberen Management unterstützt wird, haben Sie noch keine Garantie, daß es auch buchstabengetreu befolgt wird. Oder überhaupt befolgt wird. Veränderungen haben Auswirkungen darauf, wie Menschen fühlen. Ich möchte Ihnen von einer Erfahrung erzählen, die ich auf der Arche gemacht habe«, erklärte Noah.

»Das hört sich ja interessant an.«

»Das ist es auch und zeigt, warum Management of Change nötig ist.«

»Ich bin ganz Ohr.«

»Da wir gerade von schmutziger Wäsche gesprochen haben – auch wir hatten an Bord der Arche ein Mittel, um unsere Abfälle zu recyceln«, erzählte Noah und zog einmal kräftig an seiner Pfeife. »Da unsere Vorräte auf das beschränkt waren, was wir an Bord hatten, wollten wir natürlich sparen und so viel Abfallmaterial und Nebenprodukte wie möglich verwerten. Zu diesem Zweck hatten wir eine bestimmte Vorgehensweise festgelegt.«

»Doch das On-the-job-Training brachte einige Veränderungen mit sich«, fuhr Noah fort. »Es war produktiver, bestimmte Abfälle wegzuwerfen, statt das verbrauchte Material zu durchforsten und das aufzubewahren, was noch verwertet werden konnte. Und dazu haben wir unsere ursprünglichen Regeln nie verändert. Es gab uns ein gutes Gefühl, daß wir die Effizienz verbesserten. Dennoch vernachlässigten wir den Papierkram, der nicht mehr mit unseren Vorgehensweisen Schritt hielt, und eines Tages brachte uns das fast einen Haufen Schwierigkeiten. Gott fragte uns, warum wir es auf ›diese‹ Weise taten. Wir erklärten, daß wir unsere Methode verbessert hätten. Er sagte, daß er beim nächsten Mal über solche Entscheidungen informiert werden wollte und beließ es dabei. Wir waren ungeheuer erleichtert, aber nicht jeder Chef ist so flexibel.«

»Ich verstehe«, sagte David und schüttelte den Kopf. »Veränderungen können Auswirkungen darauf haben, welche Gefühle Menschen gegenüber sich selbst, ihrem Job und ihrem Unternehmen haben.«

»Veränderungen haben Auswirkungen auf die Planung, das Budget und die Qualität. Wir wollen mit der Planung beginnen.«

»Die Planung?« fragte David. »Eine Veränderung in der Planung könnte die Arbeit erhöhen, was bedeutet, daß man mehr Arbeit in kürzerer Zeit erledigen muß. Oder wenn der Fertigstellungstermin erweitert wird, verlängert sich auch die zur Verfügung stehende Zeitdauer. Auf jeden Fall hat eine solche Veränderung Auswirkungen auf die Produktivität, und zwar entweder negativ oder positiv.«

Noah deutete mit dem Finger in Richtung Himmel. »Eine kürzere Zeitdauer kann dazu führen, daß die Leute Überstunden machen. Das kann zur Ermüdung führen, wodurch die Moral sinkt und die Produktivität abnimmt. Eine längere Zeitdauer kann bedeuten, daß die Leute sich keine Mühe geben. Wie steht es mit dem Budget?«

»Budget?« fragte David. »Also... eine Erhöhung des Budgets bedeutet nicht unbedingt bessere Produktivität. Es könnte bedeuten, daß mehr verschwendet wird. Weniger Geld kann zu einer geringeren Produktivität führen, weil die Leute nicht die richtigen Werkzeuge haben, um ihre Arbeit effizient und effektiv auszuführen.«

»Und die Qualität?«

»Die Veränderung der Qualität kann ebenfalls Auswirkungen haben«, erklärte David. »Wenn man die Qualität steigert, könnte es zu einer Steigerung der Ausgaben kommen oder zu einer Verzögerung bei der Erfüllung des Zeitplans. Eine Senkung der Qualität kann in einer Katastrophe enden, speziell langfristig, da viel überarbeitet werden muß oder sogar Klagen vor Gericht anhängig werden.«

»Haben Sie Ihre Lektion jetzt gelernt?«

»Sie meinen, was Sie mich gerade gelehrt haben? Ich habe gelernt, daß Veränderungen eine positive oder negative Wirkung haben können.«

»Noch etwas anderes?«

»Noch eine Lektion?«

»Wie steht es mit der Veränderung der Regeln, ohne den anderen zu sagen, daß eine Veränderung stattfindet? Wie würden Sie sich fühlen, wenn es eines Tages zu einer Veränderung kommt und Sie nichts davon wußten?« fragte Noah.

»Ich verstehe«, erwiderte David. »Sie wollen mir damit also sagen, daß Menschen nicht unbedingt Angst vor Veränderungen *an sich* haben, aber Furcht davor, wie sie eingeführt werden. Das ergibt Sinn. Aber was hat das mit meinem Fall zu tun?«

»Ich glaube nicht, daß Sie Ihrem Team erklärt haben, daß es in Kürze zu Veränderungen kommen wird, aber das könnte helfen, die Wogen zu glätten, wenn es tatsächlich zu einer Veränderung kommt«, bemerkte Noah.

»Gute Idee. Ich werde mich mit ihnen treffen und ihnen den Grund für die Veränderung erklären«, sagte David und verschränkte die Arme. »Aber was dann?«

»Fragen Sie sie, wie sie die Veränderung am besten unterstützen können. Aber als Team.«

»Ich soll die anderen um Vorschläge bitten, wie die Veränderung am besten durchgeführt werden kann? Aber wie?« fragte David und schüttelte den Kopf.

»Indem Sie das Team dazu bringen, am Entscheidungsprozeß teilzunehmen. Dann werden sie in den Prozeß miteinbezogen, weil sie die Möglichkeit haben, eine aktive Rolle bei der Veränderung zu spielen.«

»Was dann?«

»Geduld«, antwortete Noah.

»Ich soll geduldig sein? Ist das der Schlüssel? Das war eins der ersten Dinge, die Sie mich ganz am Anfang gelehrt haben. Menschen brauchen Zeit, um sich zu verändern«, sagte David lächelnd.

»Denken Sie daran, Ihre Tür und Ihre Ohren für alle Kommentare und Vorschläge offenzuhalten.«

»Sie können sich darauf verlassen, daß ich die Kommunikation in beide Richtungen meiner Befehlskette aufrechterhalte. Ich will sichergehen, daß ich von allen Feedback erhalte, egal, ob es gut oder schlecht ist«, erklärte David.

»Ich bin stolz auf Sie, mein Junge.«

»Meinen Sie das wirklich ernst, Noah?«

»Sie haben schnell an Reife gewonnen. Halten Sie Ihre Besprechung ab, machen Sie das Konzept sichtbar, und führen Sie die Veränderung aus.«

»Okay, ich werde mich gleich mit allen treffen. Aber ich habe da noch eine Frage.«

»Ach ja?« sagte Noah.

»Wie führe ich die Neuplanung durch? Ich meine, wie stelle ich das an?«

»Wir sehen uns morgen wieder«, sagte Noah und erhob sich von der Bank. »Folgen Sie mir auf keinen Fall, oder Sie werden mich nie wiedersehen.«

»In Ordnung. Also morgen dann um dieselbe Zeit am gleichen Ort. Passen Sie auf sich auf«, rief David. Geduld, dachte er. Das ist genau das, was ich brauche, besonders wenn ich es mit Noah zu tun habe.

20

Machen Sie das Beste aus der neuen Situation!

David saß am oberen Ende des Konferenztisches und seine drei Projektleiter starrten ihn an. Er spürte, daß es keine einfache Besprechung sein würde. »Guten Morgen, alle zusammen.«

»Was ist der Zweck dieser Besprechung? Ich habe keine Tagesordnung erhalten«, bemerkte Ted. »Ich habe dieses Projekthandbuch durchgelesen, und dort stand, daß es für alle Besprechungen eine Tagesordnung geben würde.«

»Darauf komme ich gleich zu sprechen, Ted, in einem Augenblick.« David konnte nicht der Verlockung widerstehen, laut zu werden.

»Also, je mehr Zeit wir mit Besprechungen verbringen, desto weniger Zeit haben wir für den Job als solchen.« Ted hob seinen Block an und warf ihn dann wieder auf den Tisch.

»Ted, ganz ruhig«, warnte ihn Sally. »Er hat etwas zu sagen, also lassen Sie es ihn sagen.«

»Jawohl, gnädige Frau«, bemerkte Ted.

»Danke, Sally«, sagte David, der spürte, wie sein Zorn nachließ. »Diese Besprechung ist informell, aber äußerst wichtig. Also, wir arbeiten alle für ein Privatunternehmen, und das ist etwas anderes als die Arbeit für ein öffentliches Unternehmen oder eine Regierungsstelle. Aus diesem Grund müssen wir uns mit Bedingungen auseinandersetzen, die manchmal willkürlich, ja sogar launisch scheinen.«

»Was er damit meint, ist SIBUPE«, sagte Ted.

»SIBUPE? Was bedeutet das denn?« fragte Frank.

»Vielen Dank für Ihre Unterstützung, Ted. Es ist ein Akronym und bedeutet ›sich bücken und Prügel einstecken‹«, erklärte David kopfschüttelnd.

Ted lachte laut auf. »Ich kann sie bereits fühlen.«

David versuchte, Ted zu ignorieren. »Die Yuggenheim-Familie hat beschlossen, den Zoo für einen viel höheren Preis als erwartet zu verkaufen.«

»Das hört sich ja gut an für sie«, bemerkte Sally sarkastisch.

»Vielleicht sogar für uns auch. Vielleicht werden sie uns in einem ihrer anderen Unternehmen unterbringen«, fügte Frank hinzu.

David hob den Zeigefinger und klopfte damit an die Wand. »Da gibt es nur einen Haken.«

»SIBUPE!« rief Ted.

David ignorierte den Störer und fuhr fort: »Sie wollen die Dauer des Projekts um zwei Monate verkürzen.«

»Und?« fragte Sally.

»Mit der Hälfte unseres aktuellen Mitarbeiterstabs und einem reduzierten Budget«, fügte David hinzu.

»Um wieviel soll es reduziert werden?« fragte Frank.

David mußte schlucken. »Um zehn Prozent.«

Jetzt meldete sich Ted wieder zu Wort und zeigte mit dem Finger direkt auf David. »Also, ich habe mir gedacht, daß es etwas Ernstes ist, aber ich habe nicht gedacht, daß es so ernst ist. Wie wollen Sie die Aufgabe jetzt meistern?«

»Warum eliminieren Sie nicht als erstes Teds Job?« fragte Sally.

»Wie bitte?« fuhr Ted sie an. »Ich ignoriere diese Bemerkung!«

»Ja, genau, wie werden Sie dies bewerkstelligen?« fragte Frank.

»Es geht nicht darum, wie *ich* es schaffen werde, sondern wie *wir* damit zurechtkommen. Dies ist eine Teamangelegenheit. Also, Team, wir müssen einige ernste Neuplanungen anstellen«, sagte David.

»Ich werde nicht dafür bezahlt, derartige Entscheidungen zu treffen. Das ist Ihre Aufgabe. Sie sind der Projektmanager«, erklärte Ted kopfschüttelnd.

»Hören Sie, Ted, ich brauche positive Vorschläge. Wenn Sie nichts Konstruktives beizutragen haben, dann seien Sie bitte ruhig. Sie haben ungeheuer viel Wissen und Erfahrung, die Sie mit uns teilen könnten, und ich würde Ihre Mitarbeit sehr zu schätzen wissen«, erklärte David.

»Ich habe doch gesagt, streichen Sie seinen Job einfach«, meldete sich Sally.

»Ja, er ist sowieso ein schlechter Pokerspieler«, warf Frank ein.

»Sie haben wirklich Mut, Sally«, bemerkte Ted. »Und Sie auch, Frank.«

»Also, genug der Zankerei jetzt«, befahl David. »Wir sind Profis, und ich erwarte, daß Sie sich entsprechend verhalten. Reißen Sie sich zusammen. Teil meiner Aufgabe ist es, einen neuen Satz Pläne für das Projekt aufzustellen. Aber das gelingt mir nur mit Ihrer Hilfe. Kann ich auf jeden von Ihnen zählen? Sally?«

»Darauf können Sie sich verlassen«, erwiderte Sally.

David wandte sich an Frank. »Und Sie?«

»Jederzeit«, erwiderte Frank.

»Ted?« fragte David.

Es folgte eine lange Pause, bevor Ted antwortete: »Ja, sicher, jederzeit.«

»Großartig«, sagte David und zwang sich, selbstbewußt zu lächeln. »Dann wollen wir unsere erste Neuplanungssitzung für morgen nachmittag um ein Uhr planen. Hier. Ich werde noch heute nachmittag eine Tagesordnung verschicken. In Ordnung? Ausgezeichnet. In der Zwischenzeit werde ich mich mit jedem einzelnen von Ihnen zusammensetzen. Bis später dann. Ach ja, ich möchte noch einmal unterstreichen, daß meine Tür jedem offensteht. Und dazu zählen auch die Leute, die Sie bei diesem Projekt unterstützen.«

»Ich würde gerne mal die Yuggenheims treffen und ihnen die Meinung sagen. Vielleicht würde ich ihnen sogar sagen, wo sie ihren Zoo hinstecken können«, bemerkte Ted.

»Ich verstehe Ihre Gefühle, Ted«, sagte David. »Ich bin mir sicher, daß wir alle uns mehr oder weniger so fühlen. Doch wir dürfen es nicht zulassen, daß unser Groll uns daran hindert, unser Ziel zu erreichen. Zumindest haben wir die Möglichkeit, uns der Veränderung anzupassen. Bis dann also – und Kopf hoch.«

Als er das Besprechungszimmer verließ, dachte er an nichts anderes als Noah.

21

Mit einer Neuplanung verbessert man die Projektleistung

David und Noah spazierten durch den Zoo. In der Mitte stand ein Denkmal der Mitglieder der Familie Yuggenheim. Merkwürdig, dachte er, selbst die Zukunft dieses Denkmals sieht trübe aus.

»Noah, ich weiß einfach nicht weiter«, sagte er, während er die Hände auf dem Rücken umklammert hielt.

»Was wissen Sie nicht?« fragte Noah, der mehr mit seiner Pfeife als mit David beschäftigt schien.

»Was als nächstes zu tun ist. Ich habe mich mit den Projektleitern getroffen und sie über die Veränderung informiert, genau wie Sie es vorgeschlagen haben«, berichtete David und seufzte. »Ich werde sie auch in die Neuplanung miteinbeziehen.«

»Wo liegt dann das Problem?«

»Wo das Problem liegt? Das werde ich Ihnen sagen. Ich muß in sehr kurzer Zeit eine wichtige Neuplanung vornehmen.«

»Da sind Sie nicht der erste. Wo wir gerade dabei sind, was beabsichtigen Sie als erstes zu tun?«

»Das erste, was ich tun muß... lassen Sie mich mal überlegen... Also, ich werde mich in einer Stunde mit meinem ersten Teammitglied treffen, um mit der Neuplanung zu beginnen. Das einzige Problem dabei ist, daß ich nicht weiß, wo ich anfangen muß.«

»Sie beginnen am Anfang, und Sie befinden sich am Anfang. Sie können nichts neu planen, ohne alles zu überdenken«, erklärte Noah und zog an seiner Pfeife. »Sie müssen die Sache überdenken. Was muß Ihrer Meinung nach verändert werden?«

»Ich muß wissen, was überarbeitet werden muß. Ich könnte die Vereinbarungserklärung sofort überarbeiten.«

»In welcher Hinsicht?«

»Die Zeitplanung. Weil sich das Projektende verändert hat. Ziel und Zweck sind jedoch dieselben geblieben.«

»Wie sieht es mit den Aufgaben aus?«

»Ein guter Punkt«, sagte David. »Wenn die Aufgaben sich verändern müssen, muß ich die Arbeitsgliederungsstruktur ändern. Vielleicht können wir einige Aufgaben und Unteraufgaben entfernen. Das würde auch andere Dinge verändern.«

»Zum Beispiel?«

»Wieder zurück zum Zeitplan. Einige Aktivitäten werden wahrscheinlich nicht mehr darin enthalten sein. Vielleicht müssen wir sogar andere Aktivitäten hinzufügen. Wow, langsam nimmt alles Gestalt an«, sagte David.

»Sie meinen, das Bild fügt sich zusammen, richtig?«

David spürte, wie das Adrenalin durch seinen Körper strömte. »Richtig! Das bedeutet, daß wir unsere Zeitschätzungen für die Vollendung bestimmter Aufgaben ändern müssen. Wahrscheinlich müssen wir einige Schätzungen kürzen und andere verlängern. Das könnte eine weitere Veränderung bedeuten.«

»Ach?«

»Ja. Die Logik des Netzplans muß verändert werden.

Die Rangordnung. Sie wissen schon – was zuerst kommt, was als zweites und so weiter. Was meinen Sie?«

»Ich glaube, Sie sind auf dem richtigen Weg.«

»Vor mir liegt eine Menge Arbeit, wenn Sie mich fragen. Jetzt schießen mir andere Sachen durch den Kopf. Ich muß die Zuständigkeitsmatrix ändern. Ich muß die Ressourcenglättung überarbeiten«, fuhr David fort.

»Warum die Ressourcenglättung?«

»Um zu sehen, wer von den Veränderungen am meisten betroffen ist. Dann kann ich die Leute neu einteilen und die Planung verändern, um die Arbeitslast aufzunehmen.«

»Wenn Sie die Aufgaben und die Planung verändert haben, wird sich die Arbeitslast dann nicht verschieben?«

»Sie haben recht«, erklärte David und nickte zustimmend. »Ich werde die Zuständigkeitsmatrix veröffentlichen, nachdem ich die Ressourcenglättung vorgenommen habe. Danke für diese Einsicht. Sagen Sie, als Sie die Arche gebaut haben, hat Gott da seine Forderungen an Sie geändert?«

»Die Welt verändert sich ständig. Ich habe mich genauso verhalten wie Sie.«

»Sie haben genauso reagiert? Wie ist es Ihnen gelungen, alles zu überarbeiten?«

Noah nahm die Pfeife aus dem Mund und sagte: »Einer der besten Züge des Menschen ist seine Anpassungsfähigkeit. Ich war kein gelernter Bootsbauer, genauso wenig wie meine Mitarbeiter. Ich mußte mich also anpassen oder mich den Konsequenzen stellen. Und die Konsequenzen waren etwas weitreichender, als nur meinen Job zu verlieren. Der Tod stand uns bevor. Ich würde hinter, nicht vor der Tür des Todes stehen. Ertrinken oder schwimmen – eine andere Möglichkeit gab es nicht. Und ich habe mich für letztere entschieden. Außerdem standen mir nicht die Werkzeuge zur Verfügung, die es heute gibt. Ich hatte keine ausgefeilten Apparate und Meßgeräte. Tatsächlich hatte ich noch nicht einmal einen Kleinlaster. Ich wünschte, ich hätte ein paar Werkzeuge gehabt, beispielsweise...«

»Werkzeuge? Gibt es etwas, was mir bei der Neuplanung helfen kann?« fragte David. »Warten Sie mal eine Sekunde. Oder sollte ich lieber Mikrosekunde sagen? Der Mikrocomputer. Wenn ich die Veränderungen eingegeben habe, wird er neue Ressourcenhistogramme und einen neuen Zeitplan für mich produzieren. Dann kann ich die Feinabstimmung vornehmen. Was kommt dann?«

»Ich gebe auf. Das sollten Sie mir sagen.«

»In Ordnung. Ich werde es für mich selbst herausfinden. Warten Sie mal... Ich weiß, daß ich alle Ressourcen festlegen muß, um die Neuplanung durchzuführen. Den Computer habe ich bereits erwähnt. Außerdem brauche ich einen Raum. Das Sitzungszimmer wird für diesen Zweck ausreichen. Ich brauche Leute. Ich werde alle Leiter zu Hilfe rufen. Manchmal, natürlich. Ich glaube, so dürfte es klappen«, sagte David und verschnellerte seinen Schritt.

»Sind Sie sich sicher, daß Sie nichts vergessen haben?«

»Noch mehr? Ja, ich habe etwas vergessen. Ich werde eine Gruppensitzung abhalten, wenn ich die Vorschläge von allen gehört habe, um ihre Zustimmung zu erhalten.«

»Ziemlich einfach, wenn man erst einmal alles durchdacht hat, nicht wahr?«

»Es klingt einfach genug, aber ich weiß, daß es nicht leicht sein wird«, sagte David.

»Wie steht es mit einer Zusammenfassung?«

»Eine Zusammenfassung? In Ordnung. Als erstes muß ich entscheiden, was geändert werden muß, beispielsweise die Arbeitsgliederungsstruktur. Das erledige ich, indem ich mich mit den einzelnen Leitern treffe. Was auch die nächste Frage beantwortet, nämlich, mit wem ich mich treffen werde.«

»Und dann?«

David holte tief Luft und fuhr fort: »Dann geht es um die

Identifizierung der Ressourcen, um die Neuplanung durchzuführen. Das kann zur selben Zeit geschehen, wenn man auch festlegt, was geändert und was in die Neuplanung miteinbezogen werden muß.«

»Fahren Sie fort.«

»Ich muß die Korrekturen einarbeiten und mit allen zusammen eine Besprechung abhalten, um Meinungsverschiedenheiten zu lösen. Dann schließe ich die Korrekturen in letzter Minute ab und verteile Kopien an alle Beteiligten. Brillant, wenn ich so sagen darf«, bemerkte David.

»Gute Arbeit, aber warum haben Sie mich gerufen? Sie haben doch selbst alle Antworten gefunden.«

»Meinen Sie das wirklich? Wissen Sie, ich wußte im Grunde schon, was ich tun muß, aber ohne Sie hätte ich das nie erkannt«, sagte David.

»Tatsächlich?« Noah schob wieder die Pfeife zwischen die Lippen.

»Also, ich muß mich in etwa 15 Minuten mit Ted treffen. Danke für alles, Noah. Vielen Dank«, sagte David und machte sich auf den Weg, ohne zu bemerken, daß er diesmal Noah stehen ließ.

22

Hören Sie zu, nicht nur hin

Nachdem David und Ted ein paar Höflichkeiten ausgetauscht hatten, setzte David sich an einen Tisch in der hinteren Ecke von Teds Büro. Er bemerkte sofort, daß Ted sich ihm gegenüber hinsetzte.

»Ted, wir haben einige Neuplanungen zu erledigen. Ich...«

»Großartig, noch mehr Papierkram.« Ted verschränkte die Arme.

»Ach?« fragte David. »Meinen Sie, daß das nicht nötig ist?«

Ted zeigte mit dem Finger auf David. »Hören Sie, ich habe nichts gegen Sie persönlich, aber ich habe an etwa einem Dutzend Projekten mitgewirkt, seit ich in diesem Zoo arbeite, und so etwas haben wir noch nie gebraucht. Alle Projekte wurden zu Ende geführt, und ich war der Projektmanager.«

»Ich verstehe«, sagte David und bemühte sich, nicht wütend zu werden. »Also, wenn ich mich recht erinnere, wurde kein Projekt zum geplanten Termin und innerhalb des Budgets fertiggestellt. Dann gab es aufgrund der Art und Weise, wie diese Projekte gehandhabt wurden, drei Klagen vor Gericht, von denen wir zwei verloren haben. Erinnern Sie sich an das Projekt, bei dem das Nashorn sich aus dem Zoo geschlichen hat und auf dem Parkplatz in dem Einkaufszentrum drei Blocks vom Zoo entfernt aufgefunden wurde? Ich will nicht predigen, Ted, ich möchte nur aus dem, was wir früher gemacht haben, lernen und nicht dieselben Fehler wiederholen.«

»Hören Sie, wir haben keine Zeit, vergangene Projekte zu diskutieren. Wir wollen an diesem arbeiten, okay? Wir haben eine Menge Arbeit vor uns, und dieser ganze Verwaltungskram nervt mich.« Ted ließ sich auf seinem Stuhl zurückfallen.

»Ihnen haben die früheren Pläne gefallen, nicht wahr? Das haben Sie selbst gesagt. Und Sie haben sie sogar unterzeichnet.« Schachmatt, dachte David.

»Ja, ja, ja. Was tun wir als erstes?«

»Als erstes überprüfen wir...« David zeigte ihm die Arbeitsgliederungsstruktur, um festzustellen, ob irgend etwas geändert werden mußte. Dann überprüfte er die Schätzungen, gefolgt vom Zeitplan. Schließlich kam die Zuständigkeitsmatrix an die Reihe. »Ich glaube, damit haben wir alles abgedeckt. Sehen Sie, es hat doch gar nicht so lange gedauert, nur zweieinhalb Stunden.«

»Es hat einige meiner Befürchtungen wegen dieser Änderungen zerstreut. Jetzt fühle ich mich wohler«, gab Ted zu, aber er lächelte noch immer nicht. »Ich habe eine Idee, wen ich bei diesem Projekt freistellen kann. Was kommt als nächstes?«

»Ich muß mich mit Sally und Frank treffen, um ihre Vorschläge zu hören, damit ich die entsprechenden Korrekturen vornehmen kann. Dann drucke ich neue Tabellen und Diagramme aus und auch einen Satz Histogramme. Schließlich halten wir eine Gruppenbesprechung ab, um noch vorhandene Meinungsverschiedenheiten zu lösen. Zu guter Letzt führen wir diese Veränderungen aus, und damit hat es sich dann.«

»Das ergibt Sinn. Bekommt jeder von uns eine Kopie der Korrekturen?«

»Darauf können Sie sich verlassen. Wir müssen Sie dann nur noch in dem Projekthandbuch abheften.«

»Wahrscheinlich habe ich mir ohne Grund Gedanken wegen der Veränderungen gemacht. Ich hatte einfach das Gefühl, daß man jeden Realitätssinn ignoriert hatte. Und der Gedanke, meinen Job zu verlieren, war mehr Druck, als ich ertragen konnte. Aber diese neuen Pläne geben mir und wahrscheinlich den anderen auch mehr Selbstbewußtsein«, sagte Ted.

»Gut«, schloß David, als er ihm die Hand reichte. »Die Gruppenbesprechung findet an diesem Mittwoch um elf Uhr statt, in dem Raum neben meinem Konferenzzimmer. Bis dann.« Er spürte Teds festen Handschlag und verließ lächelnd das Büro.

23

Entscheiden Sie nichts, ohne alle Folgen bedacht zu haben

David saß vor seinem Computer, erfaßte die Veränderungen in der Projektmanagement-Datenbank und erstellte die entsprechenden Berichte. Erwartungsvoll beugte er sich ganz nah an den Bildschirm vor.

Wir wollen mal sehen, dachte er. Ich habe bei den Schätzungen die Veränderungen eingegeben und die Logik des Zeitplans geändert. Jetzt habe ich einige Start-zu-Start-Beziehungen statt nur Ende-zu-Start-Beziehungen. Ich habe, wie gefordert, den neuen Aktivitäten Leute zugeordnet. Jetzt wollen wir die Ressourcenhistogramme für jedes Teammitglied ablaufen lassen. Zuerst einmal Ted. Mmh... O mein Gott! Bisweilen muß er drei Wochen an einem Stück 34 Stunden pro Tag arbeiten! Wie sieht es mit Sally aus? Hilfe, auch sie wird bei lebendigem Leib gefressen. Mal sehen, was das Budget verlangt. Genau wie ich es mir gedacht habe: Die Kosten sind wegen der zu zahlenden Überstunden höher. Also, zurück an den Zeichentisch, doch zuerst rufe ich Noah an, um mir ein paar Ratschläge zu holen.

Er griff sich den Telefonhörer und wählte Freephone-NOAH. Dann hörte er ein Klicken in der Leitung und wartete nicht einmal, bis Noah sich meldete.

»Noah, ich bin's«, sagte David.

»Hallo. Was gibt's für Neuigkeiten im Zoo?«

»Bin ich der einzige, der Sie anruft?« fragte David. »Sie scheinen immer gleich zu wissen, wer am Apparat ist.«

Noah lachte glucksend. »Was ist los?«

»Ich habe folgendes gemacht...« sagte David.

»Lassen Sie mich raten. Sie haben Veränderungen an Ihrem Projekt vorgenommen und haben sie in den Computer eingegeben. Liege ich richtig?«

»Genau das habe ich getan«, erwiderte David, den Noahs Durchblick überraschte. »Aber die Spitzen der neuen Histogramme sind höher, und das geschätzte Budget ist aufgrund der geschätzten Überstunden, die bezahlt werden müssen, ebenfalls höher, aber ich kann den Zeitplan nicht weiter komprimieren.«

»Wie steht es mit den Alternativen?«

»Welche Alternativen?«

»Alternativen zur Reduzierung der höheren Budget- und Lohnkosten. Können Sie sich irgendwas einfallen lassen?«

David hielt inne und dachte nach, bevor er sagte: »Ich könnte Subunternehmer einstellen, was möglicherweise billiger wäre, als meine eigenen Leute einzusetzen. Aber gibt es bei der Leiharbeit nicht ein Problem?«

»Ja, manchmal bekommen Sie das, wofür Sie bezahlen, und manchmal bekommen Sie weniger. Andererseits bekommen Sie manchmal sogar mehr. Und manchmal bekommen Sie sogar das Gewünschte«, sagte Noah. »Alles klar?«

»Ja, ich glaube schon. Ich könnte einzelne Arbeiten rationalisieren, und die Anzahl der Genehmigungen und der auszufüllenden Formulare reduzieren. Aber auch das gibt wieder einige Probleme«, sagte David.

»Bei der Übersetzung könnte etwas verlorengehen und Probleme verursachen, bevor Sie es überhaupt merken. Das zu korrigieren ist schwer.«

»Ich könnte eine Urlaubssperre aussprechen und Weiterbildungsmöglichkeiten beschneiden«, fügte David hinzu. »Glücklicherweise sind keine Trainingsprogramme geplant, aber wer weiß, was irgend jemand möglicherweise in der Zukunft braucht?«

»Eine Urlaubssperre zu verhängen ist äußerst unangenehm. Manche Leute haben das ganze Jahr über gespart und geplant, um an irgendeinem exotischen Ort Urlaub zu machen. Vielleicht haben sie sogar die Oma überredet, ein, zwei Wochen lang auf die Kinder aufzupassen. Training ist interessant; manchmal ersparen zwei, drei Tage Training zwei oder drei Wochen Arbeit, in denen man versucht, selbst etwas für sich herauszufinden«, erklärte Noah.

»Sie haben recht, Noah«, stimmte David zu. »Das sind die Probleme, die auftauchen, wenn man Trainingsprogramme beschneidet oder eine Urlaubssperre ausspricht. Ich könnte darum bitten, daß alle preiswertere Angebote und Materialien und Dienstleistungen nutzen – obwohl auch dabei Probleme auftreten können.«

»Vielleicht können Sie hier etwas sparen. Aber wieviel, das hängt davon ab, was Sie mit dem Vorhandenen tun können und was für Auswirkungen das auf die Ergebnisse hat.«

»Und das sind nur ein paar indirekte Folgen, Noah. Selbst die Verringerung der Qualität beim Output kann das Budget reduzieren und helfen, den Zeitplan einzuhalten. Doch auch das kann sich als schwierig erweisen.«

»Es ist wie mit den Astronauten«, sagte Noah und lachte leise. »Würden Sie in einem Raumschiff zum Mond fliegen, das vom billigsten Anbieter gebaut wurde? Denken Sie darüber nach. Eine weitere Methode wäre Schichtarbeit.«

»Genau«, stimmte David zu. »Ich könnte Schichtarbeit einplanen. Das würde einen Teil der Lohnkosten verringern. Bei Aufgaben, für die zwei oder mehr Leute nötig sind, könnte ich den einen die ersten acht Stunden arbeiten lassen und den zweiten die zweiten acht Stunden.«

»Werden die Leute füreinander Notizen machen?« fragte Noah. »Das hoffe ich, denn sie würden sich ja nicht persönlich treffen.«

»Sie haben recht. Ich kann die Probleme bereits hören und sehen. Ich habe jedoch noch zwei weitere Möglichkeiten.«

»Lassen Sie mich hören.«

David fuhr fort: »Ich kann mich auf die kritischen Aktivitäten konzentrieren und die nichtkritischen zeitweise vergessen, bis sie kritisch werden. Oder ich kann den Zeitplan noch einmal überarbeiten und die Arbeit bei einigen Aktivitäten beschneiden, so daß vermehrt an den kritischen gearbeitet werden kann.«

»Sie haben noch eine Alternative«, bemerkte Noah. »Und das ist der Status quo. Das bedeutet, daß Sie alles so lassen, wie es ist. Für alle Aufgaben gibt es eine Minimumzeit, in der sie durchgeführt werden können, denn sonst geht alles in die Hose. Das gilt auch für das Projekt insgesamt. Rechnen Sie die Wirkung des Yuggenheim-Befehls aus, und zeigen Sie Ihrem Chef seine – entschuldigen Sie den Ausdruck – Unvernunft. Vielleicht sind sich die Yuggenheims ja der Folgen überhaupt nicht bewußt. Sie sollten sie daher bitten, es sich noch einmal zu überlegen. Zuerst müssen Sie jedoch alle Veränderungen nach Ihren Fähigkeiten und denen des Teams vornehmen und sie mit dem Status quo vergleichen.«

»Ich glaube, ich arbeite noch etwas an den Projektplänen, aber diesmal höre ich mir die Vorschläge des Teams an und präsentiere den Plan dann den Yuggenheims. Auch sie müssen sich mit der Realität auseinandersetzen! Noch eine Frage an Sie, Noah.«

»Schießen Sie los.«

»Möchten Sie die Gruppenbesprechung mit meinen Leitern besuchen?« fragte David. »Dann könnten Sie mir sagen, wie ich mit ihnen umgehe.«

»Was hat das denn mit dem dritten Geheimnis zu tun? Und vergessen Sie nicht – Sie sind erst beim dritten von vier.«

»Was meinen Sie damit?« fragte David. »Ja, ich knacke immer noch an dem dritten Geheimnis, nicht an dem vierten. Aber ich weiß nicht einmal, welches das dritte Geheimnis ist.«

»Natürlich wissen Sie das.«

»Wirklich? Was denn? Sagen Sie es mir.«

»Ich muß auflegen. Bis bald. Sie werden es schon herausfinden.«

David hörte das vertraute Klicken. »Ich wünschte mir, daß ich irgendeine Möglichkeit hätte, ihn zu kontrollieren. Einen Moment mal. Das ist das dritte Geheimnis! Kontrolle! Ich muß das Projekt kontrollieren. Ich habe gelernt, wie man ein Projekt kontrolliert. Noah, Sie sind großartig. Selbst wenn Sie nicht am Telefon sind«, sagte er, als er den Hörer wieder auflegte.

24

Was kommt raus bei Ihren Besprechungen?

Das Konferenzzimmer war jetzt ein vertrauter Ort für alle. David und seine Leiter saßen um den großen Tisch herum. An den Wänden waren Ausdrucke mit Klebeband befestigt und vor allen lag ein Stapel Unterlagen.

David meldete sich zu Wort. »Was Sie vor sich liegen haben, sind die Unterlagen, die auch an den Wänden hängen, eine Kopie der Projektpläne, die überarbeitet wurden, um die neuesten Anforderungen, die von der Yuggenheim-Familie festgelegt wurden, widerzuspiegeln. Die Veränderungen in der Arbeitsgliederungsstruktur, die Schätzungen, der Netzplan und seine Logik und die Zuständigkeitsmatrix umfassen die Veränderungen, die Sie vorgeschlagen haben, als ich mit Ihnen die Einzelgespräche geführt habe. Sie werden bemerken, daß ich einige Veränderungen vornehmen mußte, um unrealistische Arbeitsbelastungen zu eliminieren, die sich in den Ressourcenhistogrammen widergespiegelt haben. Die Histogramme beginnen auf Seite...«

Ted schlug mit der Hand auf den Tisch. »Unrealistische Arbeitsbelastungen eliminieren! Ich will mein Histogramm sehen und diejenigen, die für alle Leute erstellt wurden, die an dem Projekt arbeiten. Auf welcher Seite stehen sie?«

»In Ordnung. Blättern wir zu Seite sieben. Das ist das Histogramm Ihrer Gruppe, Ted. Was halten Sie davon?« fragte David.

»Ich finde... das sieht gut aus«, erklärte Ted und lehnte sich zurück.

»Ich kann es kaum glauben! Zur Abwechslung ist Ted mal zufrieden«, bemerkte Sally.

»Jetzt wollen wir uns Sallys Histogramm ansehen und das für ihre Leute«, schlug David vor und wandte sich an Sally. »Das Ihre steht auf Seite 16.«

»Ich sage es noch einmal. Ich kann es einfach nicht glauben. Ich arbeite 18 Stunden am Tag an 13 Tagen hintereinander! So viel Arbeit kann ich nicht bewältigen. Ich glaube, nicht einmal ein Superheld könnte das«, sagte sie.

»Ich bin froh, daß Sie auf diesen Punkt zu sprechen kommen. Sie werden feststellen, daß die meisten Ihrer Aktivitäten sich nicht auf dem kritischen Pfad befinden und viel Pufferzeit haben«, erklärte David.

»Und?« fragte sie.

»Das bedeutet, daß in Ihrem Histogramm zwar eine große Anzahl Spitzen vorhanden ist, Sie aber einige der Aktivitäten, die diese Spitzen verursachen, vernachlässigen können, weil sie sich nicht auf dem kritischen Pfad befinden. Daher müssen Sie nicht an dem angezeigten Tag mit der Arbeit an ihnen beginnen. Tatsächlich werden die Spitzen in Ihrem Histogramm wahrscheinlich nicht auftreten. Es scheint also, daß auch bei Ihnen alles in Ordnung ist«, erklärte David und schenkte ihr ein Lächeln.

»Ich hatte gehofft, daß sie ordentlich ochsen müßte – zumindest bis sie tot umfällt. Es könnte keiner verdienstvolleren Frau passieren«, bemerkte Ted grinsend.

»Sie sind ein Blödmann, Ted. Während Ted herumgestöhnt hat, habe ich die anderen Histogramme durchgeblättert. Sie sehen alle großartig aus. Gute Arbeit«, bemerkte sie.

»Auch für mich und meine Leute?« fragte Frank.

»Frank, Sie stehen auf Seite 23, und Ihre Leute kommen danach. Es scheint, daß Ihre Histogramme völlig ausgewogen sind. Es sieht so gut aus, wie es nur aussehen kann. Wie jeder sehen kann, zeigen die Pläne, daß wir unser Projekt tatsächlich mit weniger Geld und weniger Zeit als ursprünglich angenommen abschließen können. Das heißt, wenn nichts schiefgeht«, sagte David und klopfte dreimal auf den Tisch.

»Was können wir tun, wenn etwas schiefgeht? Wie kommen wir dann zurück auf den Pfad?« fragte Sally.

»Notfallplanung«, bemerkte David. »Wir werden gleich jetzt für jedes vorstellbare Problem, das auftreten könnte, Pläne für den Notfall entwickeln. Wir wollen eine Brainstormingsitzung abhalten und frei denken. Wir wollen uns ein Problem vorstellen und uns an dieses Problem herantasten, um es zu überwinden.«

Alle begannen, sich mögliche negative Ereignisse vorzustellen, die während des Projekts auftreten könnten. Dann ordneten sie die Ereignisse als wichtig, mittel oder unwichtig ein und dachten über mögliche Lösungen nach.

»Diese Liste sieht gut aus«, sagte David bewundernd. »Ich lasse sie tippen, und Frank, Sie geben sie mit den anderen bisher aktualisierten Dokumenten in das Projekthandbuch. Es wird ein gutes Referenzmaterial sein.«

»Was kommt jetzt?« fragte Ted.

»Ja, was passiert nun?« meldete sich Sally.

»Ich will auch dabei sein«, forderte Frank.

»Der nächste Schritt ist eine Präsentation vor Craig Yuggenheim. Er ist das Familienmitglied, das die Kontaktperson bei diesem Projekt ist«, erklärte David.

»Mir gefällt das ganze Projekt immer noch nicht. Den

Zoo abbauen.« Ted grinste höhnisch. »Sie können dem alten Craig Yuggenheim sagen, was ich von ihm, seiner Familie und diesem ganzen Projekt halte.«

»Okay, das ist genug«, befahl David. »Wir wollen uns auf das konzentrieren, was für die Tiere getan werden muß. Bevor wir diese Sitzung beenden, hätte ich gerne von allen die Unterschrift auf der Arbeitsgliederungsstruktur und dem Netzplan.«

»Warum?« fragte Frank.

Ted lachte laut glucksend. »Er will den Ruhm für sich einkassieren, aber die Schande auf alle verteilen.«

»Ted, nun ist es aber genug mit Ihren neunmalklugen Bemerkungen«, warnte David. »Ich will meinem Chef nur zeigen, daß alle hier neue Vorschläge für den neuen Satz Pläne gemacht haben und sich verpflichtet haben, diese Pläne einzuhalten.«

»Ich nehme an, daß Sie es auch unterzeichnen?« fragte Ted.

»Wenn Sie sich den Unterschriftenblock ansehen, werden Sie feststellen, daß ich bereits unterschrieben habe.« David schaute seine Leiterin an. »Sally?«

»Mit Vergnügen«, erwiderte sie.

»Frank?« fragte David.

»Ja, natürlich«, antwortete Frank.

»Ted?« fragte David.

»Ich unterschreibe nichts. Auf keinen Fall«, sagte Ted und schob sich mit seinem Stuhl vom Tisch zurück. »Ich habe diesen lächerlichen Forderungen der Yuggenheims nicht zugestimmt. Die müssen irgendwas ziemlich Starkes geraucht haben. Ich werde mein Bestes geben, aber ich werde nicht unterschreiben. Und damit hat sich's.«

»Sie sind ein rechter Dickkopf, nicht wahr?« bemerkte Sally.

»Okay, er hat seine Wahl getroffen, Leute«, sagte David.

»Aber sagen Sie uns, Ted, was könnte Sie dazu verführen, die Dokumente zu unterzeichnen?« fragte David.

»Ah... also...«, stammelte Ted.

»Sie haben die Möglichkeit erhalten, Vorschläge zu machen, nicht wahr?« fragte David.

»Ja, sicher, aber... also gut, ich unterschreib' den verdammten Papierkram«, sagte Ted, schob sich näher an den Tisch heran, holte einen Stift aus der Brusttasche seines Hemdes und unterschrieb das Dokument. »Also, sind Sie nun zufrieden?«

»Großartig«, sagte David. »Jetzt bin ich bereit, mich mit meinem Chef und Craig Yuggenheim auseinanderzusetzen. Jetzt geht es weiter mit der Show. Sie werden auch bemerken, daß der Budgetbericht eine Senkung der geforderten Kosten widerspiegelt, die für unser Projekt ausgegeben werden sollen. Denken Sie also daran, daß wir auch mit weniger Zaster, eh, ich meine Dollar, arbeiten. Ich sehe Sie alle bei unserer Lagebesprechung in vier Tagen. Machen Sie weiter so.« Dann stand er auf und verließ das Zimmer. Gott sei Dank, daß das vorbei ist, dachte er. Zumindest für den Augenblick.

25

Der Chef – ein angenehmer Gesprächspartner

David und Harrison saßen vor einem großen Eichenschreibtisch, der mit Gold- und Messingzierrat dekoriert war. Hinter dem Schreibtisch saß Craig Yuggenheim in einem Drehsessel aus Leder.

»Mr. Yuggenheim...« begann David.

»Junger Mann, bevor Sie anfangen, möchte ich Ihnen noch sagen, daß ich sehr beeindruckt bin von dem ersten Satz Plänen, den Sie zusammengestellt haben. Sie waren recht professionell«, erklärte Yuggenheim, während er sich in einem grauen Taschentuch aus Seide, das mit seinen Initialen bestickt war, schneuzte. Er trug eine Krawatte in dunklem Lila, die sich deutlich von seinem hellblauen Hemd abhob. Obwohl er eine saloppe Hose trug, war sein legeres Erscheinungsbild betrügerisch. David wußte, daß die Hose allein mehr als sein eigenes Outfit, einschließlich Schuhe, gekostet hatte.

»Danke, Sir«, sagte David.

»Sie waren tatsächlich gut«, bemerkte Harrison und räusperte sich. »Ich war auch sehr zufrieden.«

»Danke«, sagte David. »Wie Sie beide wissen, waren einige Veränderungen nötig, die uns zwangen, unsere Pläne neu zu überdenken und zu revidieren.«

»Das ist richtig. Fahren Sie fort«, erklärte der reiche Geschäftsmann.

David gehorchte. »Für diese neuen Bedingungen war eine recht substantielle Neuplanung nötig, für die auch die Vereinbarungserklärung überarbeitet werden mußte. Die revidierte Kopie liegt vor Ihnen. Bitte nehmen Sie sich einen Augenblick Zeit, sie zu lesen.«

Mr. Yuggenheim schaute auf das Papier.

»Ganz richtig. Fahren Sie fort, junger Mann.«

»Mr. Yuggenheim, betrachten Sie jetzt einmal die Arbeitsgliederungsstruktur«, sagte David. »Ich habe ein paar Aufgaben und Unteraufgaben hinzugefügt und andere entfernt.«

»Sieht gut aus.« Mr. Yuggenheim wandte sich an Harrison. »Nicht wahr?«

»Ja, Sir. Die beste Arbeitsgliederungsstruktur, die ich je gesehen habe«, erklärte Harrison.

David fuhr fort. »Auf den Punkten der höchsten Stufe der Arbeitsgliederungsstruktur basierend, habe ich eine Tabelle zusammengestellt. Jede Säule repräsentiert die Ausführungsdauer für eine Phase des Projekts, also die erste Stufe der Arbeitsgliederungsstruktur.«

Yuggenheim rutschte in seinem Sessel herum. »Wie steht es mit den Aufgaben, die in jeder Phase durchgeführt werden – wo sind die aufgeführt? Sie sind nicht in dieser Tabelle enthalten. Wie können Sie die Kontrolle über unser Projekt aufrechterhalten, wenn Sie nicht wissen, welche speziellen Aufgaben...«

»Mr. Yuggenheim, bitte blättern Sie um. Dort finden Sie die Aufgabengliederung der zweiten Stufe der Arbeitsgliederungsstruktur. Sie identifiziert anhand von Aufgabe und Phase die Arbeit, die ausgeführt werden muß. Und wenn

Sie mehr Einzelheiten wollen, zeigt die nächste Seite die Gliederung der Unteraufgaben oder die dritte Stufe der Arbeitsgliederungsstruktur«, erklärte David.

Mr. Yuggenheim blätterte die einzelnen Seiten um. »Das scheint alles gründlich durchdacht zu sein. Ich werde mir die Einzelheiten später ansehen. Gute Arbeit, meine Herren.«

»Danke. Die Tabelle der ersten Stufe wird am besten für die Berichte fürs Management benutzt, denn die meisten Manager sind nicht an den Einzelheiten interessiert. Zumindest nicht an dem, was in vorderster Front passiert.« David lächelte. »Ich habe die anderen Tabellen als Hintergrundinformation für Sie dazugelegt.«

»Das hat er von mir gelernt, Sir«, bemerkte Harrison.

»Sagen Sie, waren Sie in der Lage, Ihr Projektteam zu reduzieren, um die geforderten Budgetkürzungen vorzunehmen?« fragte Yuggenheim.

»Ja, das hat er getan, Sir«, sagte Harrison.

»Ich hatte die Frage an Ihren Schützling gerichtet«, bemerkte Mr. Yuggenheim.

David wollte gegenüber Harrison keine gegnerische Position einnehmen. »Mein Chef hat recht. Es ist mir gelungen. Wenn Sie den Budgetbericht aufblättern, werden Sie feststellen, daß die Schätzung für die Vollendung des Projekts weniger als die Hälfte der ursprünglichen Kosten ausmacht.«

»Und der Fertigstellungstermin des Projekts?« fragte Mr. Yuggenheim.

»Auch das können wir erfüllen«, erklärte David.

»Zeigen Sie ihm die Histogramme, die wir aufgestellt haben«, forderte Harrison den jungen Manager auf.

»Wenn Sie die Histogramme in Ihrer Dokumentation aufschlagen, werden Sie feststellen, daß fast alle Leute, die noch an dem Projekt beteiligt sind, von Anfang bis Ende des Projekts jeden Tag acht bis zehn Stunden lang arbeiten«, erklärte David. »Es bleibt also keine Zeit zur Entspannung und auch nicht für Trainingsprogramme.«

»Der Terminkalender scheint wirklich vollgepackt zu sein«, bemerkte Mr. Yuggenheim. »Ich wollte Sie eigentlich fragen, ob Sie die Zahl der Beteiligten noch stärker beschneiden und den Fertigstellungstermin des Projekts noch einen weiteren Monat vorverlegen könnten, aber wie ich anhand dieser Dokumentation sehe, wäre das fast unmöglich. Sie haben eine wirklich gute Planung durchgeführt, junger Mann. Wo haben Sie das gelernt?«

»Von jemandem, den ich für sehr weise und klug halte«, erwiderte David.

»Vielen Dank«, bemerkte Harrison.

»Nichts zu danken«, sagte David, um einer späteren Auseinandersetzung aus dem Weg zu gehen. »Ich habe es auch von jemandem aus der Vergangenheit gelernt. Jemand, der diese Techniken in der realen Welt im großen Maßstab eingesetzt hat.«

»Also, wenn Sie ihn einmal wiedersehen, sagen Sie ihm, daß in einem meiner Unternehmen jederzeit für ihn eine Stelle frei ist«, erklärte Mr. Yuggenheim.

David nickte und sagte: »Das werde ich tun, Sir.«

»Ich sehe, daß die Gesamtkosten und die Zeitplanungsberichte und die Tabellen von einer Art Computer ausgedruckt worden sind«, bemerkte Mr. Yuggenheim, während er die Seiten durchblätterte.

»Wir haben einen Mikrocomputer mit einer Projektmanagementsoftware dazu benutzt«, erklärte Harrison.

»Das stimmt. Es bedurfte einiger Mühe und dauerte einige Zeit, das Programm zu erlernen, aber es ermöglichte mir... ich meine uns... die Pläne zu entwickeln, die Ihren Auflagen entsprechen«, fügte David hinzu.

Mr. Yuggenheim schaute auf die Uhr. »Nun, ich habe gleich eine weitere Besprechung. Ich möchte noch hinzufügen, daß Sie beide großartige Arbeit geleistet haben. Jetzt bin ich mir sicher, daß wir die in dem Vertrag vereinbarten Forderungen erfüllen werden. Gute Arbeit, meine Herren. Eines Tages werde ich im Zoo auftauchen, um zu sehen, wie alles so läuft.« Dann lächelte er und sagte: »Unangemeldet.«

»Ich werde mich freuen, Sie zu sehen, Sir«, erklärte Harrison.

»Ich ebenfalls«, sagte David und streckte ihm die Hand entgegen. Doch er kam nicht dazu, Craig Yuggenheim die Hand zu schütteln, denn Harrison drängte ihn zur Seite.

26

Alles im Griff – mit einer Projekttafel

David traf sich mit Noah im Streichelzoo, wo Kinder direkten Kontakt zu den Tieren haben konnten. Er setzte sich neben seinen alten Freund, und sie beobachteten die Leute, die den Parkplatz auf der anderen Seite des Zauns verließen.

»Noah, ich weiß nicht, wie ich Ihnen danken kann.« David schüttelte dem alten Mann die Hand. »In der kurzen Zeit, seit ich Sie kenne, habe ich so viel Wissen über Projektmanagement gesammelt. Ich habe Sachen gelernt, die andere Männer, die doppelt so alt sind wie ich, nicht wußten. Und einige werden es wahrscheinlich nie wissen. Ich kann Ihnen gar nicht genug danken.«

Noah schob seine Fischerkappe etwas zurück, deutete mit dem Finger in die Luft und sagte: »Sie sind noch nicht fertig.«

»Wie bitte?« fragte David. »Da gibt's noch mehr?«

»Man hört nie auf zu lernen. Und bisher kennen Sie erst drei Geheimnisse des Projektmanagements.«

»Ich weiß sie auswendig. Planung, Organisation und Kontrolle.«

»Sehr gut.« Noah zündete seine Tonpfeife an und blies eine riesige, lilafarbene Rauchwolke aus.

»Ich bin sehr froh, daß Sie zufrieden sind. Wie lautet also das vierte Geheimnis?« fragte David. Er konnte der Verlockung, zu fragen, nicht widerstehen, obwohl er wußte, daß Noah es nicht preisgeben würde.

»Sie sind noch nicht dafür bereit.«

»Was meinen Sie damit, ich bin noch nicht bereit? Bisher habe ich schnell gelernt.«

»Sie sind mit dem dritten Geheimnis noch nicht fertig.«

»Meinen Sie damit, daß es bei der Kontrolle noch mehr zu lernen gibt?« fragte David. »Hören Sie, sagen Sie mir lieber, was es ist. Und zwar schnell. Denn Craig Yuggenheim wird den Zoo besuchen, um zu sehen, wie das Projekt voranschreitet.«

»Haben Sie eine Projekttafel für ihn, an der er sehen kann, wie das Projekt vorangeht?«

»Eine Projekttafel? Natürlich habe ich die, und zwar in meinem Büro.«

»David, Ihr Büro ist Ihr Lebensumfeld. Keine Projekttafel. Die Projekttafel befindet sich normalerweise in einem Kriegszimmer.«

»Sie meinen so etwas wie ein Armeehauptquartier?«

»Oder wie eine Kinderkrippe. Das Kriegszimmer gestattet es Ihnen und Ihrem Team, kreativ zu sein, Brainstormingsitzungen abzuhalten und auf konstruktive Weise aufeinander einzuschlagen. Und die Projekttafel stellt Ihre Bemühungen dar«, sagte Noah.

»Wie sieht diese Projekttafel aus?«

»An der Tafel sollte man Reißzwecken befestigen können.«, erklärte Noah. »Kreppband ist out, da es die Oberfläche der Tafel ruiniert. Doch wenn Sie wirklich etwas Geld übrig haben, sollte die Tafel magnetisch sein.«

»Magnetisch?«

»So daß Sie Ihre Tabellen, Berichte und anderen Unterlagen mit Magneten anstelle von Reißzwecken anbringen können. Es ist eine großartige Idee, aber etwas teuer.«

»Wow, das hört sich toll an. Die Art des Displays hängt von der Größe des Projekts ab. Ich wette, daß man für ein kleines Projekt einfach eine Wand in einem Büro als Tafel verwenden kann«, sagte David. »Keine schlechte Idee, aber welchem Zweck dient sie?«

»Anhand dieser Tafel können Sie sehen, was Sie tun, so daß Sie nicht nur die Details begreifen, sondern auch das große Bild«, fuhr Noah fort. »Und Sie haben es direkt vor Augen. Alles. Sie können also alles, was vor sich geht, im richtigen Verhältnis sehen. Und auch das, was nicht getan wird. Außerdem gibt die Tafel dem ganzen Team dieselbe Möglichkeit. Allen gleichzeitig. Es entsteht also keine Verwirrung, wer sich was ansieht. Alle sehen sich gleichzeitig dasselbe an.« Er zog ein paarmal an seiner Pfeife und begann, Rauchringe auszustoßen.

»Hatten Sie so eine Tafel in der Arche?« fragte David.

»Ohne diese Tafel hätte ich es keinesfalls geschafft.«

»Tatsächlich?« fragte David. »Und wie sah sie aus?«

Noah stieß einen großen Ring Rauch aus und behielt die Pfeife dann in der Hand. »Meine war unterteilt. Ein Teil der Tafel war für die Vereinbarungserklärung reserviert, ein anderer für die Arbeitsgliederungsstruktur, ein dritter für wichtige Pläne, ein vierter für Budgets, ein fünfter für Leiharbeit. Und natürlich war da ein riesiger Teil für die tatsächlichen Bauarbeiten und die Zuständigkeiten.«

»Oh, einen sehr wichtigen Teil habe ich fast vergessen«, fuhr Noah fort. »Die Organisationstabelle, oder um es mit Ihren Worten zu sagen: das ›Wer ist wer im Zoo‹. Das Prinzip ist dasselbe; doch die Technologie hat die Formatier-, Bericht- und Displaymedien verbessert.«

»Sollte ich dazu eine der Tafeln in meinem Büro benutzen?«

»Diese Tafeln sind nicht groß genug, um die Informationen Ihres Projekts aufzunehmen. Und außerdem hängen sie schon voll mit Ihren Arbeiten. Zudem mag da zwar genug Platz sein, damit das Team sich hinsetzen kann, aber es ist kein neutrales Territorium.«

»Ich glaube, Sie haben recht. Ich könnte ein Konferenzzimmer dafür benutzen und dort auch meine Besprechungen abhalten. Obwohl ich gesagt habe, daß mein Büro allen offensteht, haben die Leute nicht das Gefühl, daß sie jederzeit kommen und gehen können. In einem Konferenzzimmer könnten sie die Tafel sehen, wann immer es ihnen paßt. Brillant, Noah. Dieses Zimmer wird Craig Yuggenheim umhauen! Garantiert«, schloß David.

»Ich bin froh, daß Sie mir zustimmen.«

»Eine Frage noch, Noah.«

»Nur zu.«

»Haben Sie etwas Zeit, so daß ich Sie durch die Büros führen kann?«

»Nicht sehr viel. Warum?«

»Ich hätte gerne Ihre Hilfe, um herauszufinden, wo der beste Platz für die Projekttafel in dem Konferenzzimmer ist«, bat David.

»An irgendeiner der vier Wände natürlich.« Noah steckte wieder die Pfeife in den Mund.

»Im Ernst, Noah. Ich würde mich freuen, wenn Sie einige der Teammitglieder kennenlernen und beobachten würden, wie alles läuft.«

»Ich glaube, dazu habe ich keine Zeit.«

»Bitte, Noah. Nur dieses eine Mal. Ich werde Sie zum Abendessen einladen. Alles, was Sie wollen. Bitte.«

»In Ordnung, aber nur dieses eine Mal. Wir wollen gehen.« Noah erhob sich und ging in Richtung Ausgang, der sich ganz in der Nähe befand.

»Jetzt? Sie meinen jetzt gleich?« fragte David, sprang auf die Füße und folgte dem alten Mann.

Noah nickte.

»Okay, wir springen schnell in meinen Wagen und düsen los«, sagte David, als sie sich einem metallicblauen Sportswagen näherten.

»Ich würde es vorziehen, in Ihren Wagen *einzusteigen*.«

»Ganz wie Sie wünschen«, erklärte David, als er die Beifahrertür öffnete. »Ganz wie Sie wünschen.«

Noah stieg in den Wagen ein.

Dann eilte David zu der Tür an der Fahrerseite und ließ sich in den Sitz fallen. »Also los«, sagte er, als er den Zündschlüssel umdrehte, den Motor aufheulen ließ und den Gang einlegte.

Sie gingen ins Büro, das dunkel war, bis David das Licht anschaltete. »Nun, was halten Sie von meiner Bude?«

»Eine angenehme Umgebung.« Noah stieß eine lilafarbene Rauchwolke aus. »Es stört Sie nicht, wenn ich rauche?«

»Nein, Ihr Tabak riecht viel besser als die Zigarren, die mein Chef raucht. Bitte setzen Sie sich«, sagte David und deutete auf einen Stuhl neben seinem Schreibtisch.

Noah warf seine Fischermütze auf den Schreibtisch, schob dann den Stuhl neben den Tisch, nahm das Telefon und machte einen Anruf. Alles was David hörte, war: »Ich werde etwas später kommen. Fangen Sie ohne mich an.« Dann legte er den Hörer auf.

»Sie tun so, als ob Sie hier ganz wie zu Hause sind«, bemerkte David. »Wenn Sie einen Job wollen, können Sie jederzeit in einem der Unternehmen von Craig Yuggenheim anfangen, hat er gesagt. Mit wem haben Sie da telefoniert? Ich hoffe, ich halte Sie nicht auf.«

»Schon viel zu lange. Lassen Sie uns anfangen.«

»Richtig, zurück zum Geschäftlichen. Nun, meinen Sie, die Wand dort drüben wäre gut für eine Projekttafel?« fragte David.

»Wir sind in Ihrem Büro, nicht in einem Besprechungszimmer. Wir haben über einen bestimmten Raum gesprochen.«

»Richtig – ich hatte gesagt, daß das Konferenzzimmer ein guter Ort für solche Treffen wäre. Und die Projekttafel würde sich dort befinden. In Ordnung, dem füge ich mich.« Dann fragte David: »Aus welchem Material sollte die Tafel sein?«

Noah schaute sich in dem Raum um, strich sich über den Bart, setzte seine Kappe wieder auf und zog an seiner Pfeife. »Aus Papier oder Tapete.«

»Richtig. Lassen Sie mich überlegen.«

»Immer der Reihe nach. Beginnen Sie mit dem ersten Ding, das Sie sehen wollen.«

»Was wäre das erste, was ich an die Tafel schreiben würde? Ich weiß es, Noah. Eine Überschrift.«

»Gut. Das würde allen sagen, um welches Projekt es sich hier handelt.«

»Und wie wäre es mit einer Kopie der Vereinbarungserklärung? Auf diese Weise kann jeder sehen, was das Projekt erreichen will.«

»Sehr gut, David. Was noch?«

»Dann würde ich die Arbeitsgliederungsstruktur zeigen. Zumindest eine Version, die die Strukturierung auf hoher Ebene abbildet. Dann kann jeder sehen, in welcher Phase wir uns befinden und was noch getan werden muß.«

»Ich würde die Version möglichst weit unten aufhängen. Auf diese Weise kann jedes Teammitglied die Aufgaben sehen, die jeder leisten muß«, bemerkte Noah.

David stimmte zu. »Sie haben recht. Ich werde auch einen Zeitplan aufhängen. Wahrscheinlich auch ein Bild des Netzplans und vielleicht sogar eine Tabelle.«

»Persönlich würde ich noch weiter gehen. Von der Organisation her sollte jeder wissen, wer wer im Zoo ist«, erklärte Noah.

»Die Organisationstabelle wäre eine gute Ergänzung für die Tafel. Sie zeigt die Berichtstruktur für das Projekt.«

»Wie sieht es mit einem Layout der Anlagen aus?« fragte Noah.

»Ein Plan des Zoos?« fragte David. »Das gefällt mir. Das wird die Diskussionen über den Zoo leichter verständlich machen, speziell wenn wir über einen bestimmten Bereich sprechen.«

»Langsam merken Sie, daß Ihnen die Tafel gehört. Und als ihr Besitzer können Sie tun, was Sie wollen«, sagte Noah.

»Sie haben recht. Die Tafel könnte alles mögliche zeigen. Wissen Sie, vielleicht könnte ich sogar Kopien der allerneuesten Berichte aufhängen.«

»Berichte worüber?«

David zuckte die Achseln, weil er die Antwort für selbstverständlich hielt. »Berichte über Budgets, Zeitplan und Qualität. Das würde ich dort aufhängen. Ich sage Ihnen, Noah, eine Projekttafel wird meine Kontrolle über das Projekt erweitern. Ich kann alle auf dem neuesten Stand halten und auf das Projekt konzentrieren, speziell während der Besprechungen. Sie haben mir wirklich eine Menge über das dritte Geheimnis, die Kontrolle, beigebracht. Ich nehme an, daß das vierte Geheimnis genauso erleuchtend sein wird wie die anderen drei?«

»Die Annahme ist korrekt. Und das vierte Geheimnis verläuft parallel zu den anderen dreien.«

»Das vierte Geheimnis tritt während der Planung, der Organisation und der Kontrolle eines Projekts auf? Was könnte das sein?« fragte David.

»Oder meinen Sie: ›*Wie* könnte das sein?‹ «

David deutete mit dem Finger auf Noah und sagte: »Ich weiß, daß ich selbst auf das vierte Geheimnis kommen soll. Es tritt also während der Planung, Organisation und Kontrolle auf? In Ordnung. Aber bevor wir darauf zu sprechen kommen, möchte ich Sie meinen Projektleitern vorstellen.« David schaute auf die Uhr. »Ich habe in etwa 20

Minuten eine Lagebesprechung. Ich würde mich freuen, wenn Sie daran teilnehmen würden.«

»Warum?« Noah klopfte seine Pfeife an der Kante von Davids Schreibtisch aus.

»Warum? Warum?« fragte David. »Ich schätze Ihre Einsichten – darum.«

»Okay«, sagte Noah und leerte die Tabakreste aus seiner Pfeife auf ein leeres Blatt Papier auf Davids Schreibtisch aus.

»Danke, daß Sie das Zeug nicht in meine Kaffeetasse geschüttet haben oder in den Papierkorb. Hier habe ich eine Zeitschrift für Sie, die Sie lesen können, während ich mich auf das Treffen vorbereite«, sagte David ein wenig verstimmt, als er seinem alten Freund ein Heft zuwarf.

Noah blätterte das Magazin durch. »Hier ist ein guter Artikel. ›Wie Ihr Unternehmen durch Outsourcing Geld sparen kann‹.«

»Was ist Outsourcing?« fragte David.

»Die Einstellung von Hilfskräften von außerhalb, weil Sie nicht die Zeit, das Wissen oder die Ressourcen haben, eine Aufgabe zu erfüllen.«

»Oh«, sagte David. Er merkte, daß das Lächeln auf Noahs Gesicht zurückkehrte, während der alte Mann weiter das Heft durchblätterte und an seiner Pfeife zog.

27

Projektmanagement ist ohne Selbstmanagement nicht möglich

Die Teamleiter drängten sich um den Tisch und schauten einander an, während David zwischen zwei Overheadprojektoren am oberen Ende des Tisches stand. Verwirrt schaute er sich um und fragte sich, was denn mit Noah geschehen war. »Wartet eine Minute, Leute. Bevor wir anfangen, muß ich...«

Er eilte zum Eingang des Konferenzzimmers, schaute auf den Flur hinaus und sah sich um, doch sein Freund war nirgendwo zu sehen.

»Können wir anfangen? Ich habe schließlich nicht den ganzen Tag lang Zeit«, rief Ted.

»Ja, lassen Sie uns loslegen«, stimmte Sally zu.

»Ja, ich bin dafür, anzufangen«, erklärte Frank.

»In Ordnung«, sagte David und ging wieder in das Zimmer zurück. »Ich möchte ein paar Dinge erwähnen, bevor wir mit unserer Lagebesprechung beginnen.«

»Wir wollen uns auf die Lagebesprechung konzentrieren, denn deshalb sind wir hier«, sagte Ted.

»Hören Sie, Ted, ich bin derjenige, der hier das Sagen hat, nicht Sie«, fuhr David ihn an.

»Zeigen Sie's ihm nur, David«, ermutigte ihn Sally.

»Es ist eine Sache zwischen ihm und mir, Sie haben damit nichts zu tun, Süße«, bemerkte Ted.

»Ich bin nicht Ihre Süße«, fuhr sie ihn an.

David versuchte, die negativen Bemerkungen zu ignorieren. »Ich hatte mein Treffen mit Craig Yuggenheim. Er war beeindruckt von dem, was wir getan haben, und er läßt Ihnen durch mich seinen Dank ausrichten.«

»Wie wohltätig von ihm. Schließlich ist es nur wegen ihm und dem Rest seiner Familie, daß wir in diesem Boot sitzen«, bemerkte Ted. »Geldgieriges Volk.«

»Bitte hören Sie jetzt alle mal zu! Wir sind hier, um die Lage zu besprechen. Ted, wir wollen Ihre Aufgaben im Zeitplan zuerst durchgehen«, erklärte David.

Ted erstattete über all seine Aktivitäten im Zeitplan Bericht.

Dann stellte David eine Frage zu einer von Teds Aufgaben. »Warum haben Sie eine solche Entscheidung getroffen? Ich verstehe nicht, wie ein Mann mit Ihrer Erfahrung eine Aufgabe auf diese Weise durchführen konnte.«

»Also, mein Freund, wenn Sie der Meinung sind, daß Sie es besser können, dann tun Sie es doch gleich selbst«, erwiderte Ted und schlug mit der Faust auf den Tisch. »Das muß ich mir nicht gefallen lassen. Außerdem – wenn Sie wüßten, warum ich es so getan habe, würden Sie keine voreiligen Schlüsse ziehen.«

»Okay, Sally, jetzt sind Sie an der Reihe«, sagte David und wünschte sich, daß Ted einfach verschwinden würde. Dann ging er die Einzelheiten ihres Zeitplans mit ihr durch.

»Alles scheint in Ordnung zu sein«, bemerkte David. »Sie liegen genau im Plan. Bis auf eine Aufgabe. Sehr gut... warten Sie eine Sekunde. Diese Aufgabe verzögert sich, und sie mündet direkt in die Aufgabe ein, die Ted so merkwürdig gehandhabt hat.«

»Ich habe Ihnen doch gesagt, es gab einen Grund für das, was ich getan habe. Sonst würde ich dem Zeitplan wirklich hinterherhinken. Wegen ihr mußte ich ein paar Sachen noch mal machen, aber zumindest habe ich etwas erledigt«, warf Ted ein.

David ignorierte die Bemerkung. »Ich bemerke auch, daß es sich bei den von Ihnen erledigten Aufgaben um nichtkritische handelt, Sally. Warum?«

»Ich habe Sie noch nie gemocht, und ich weiß auch warum«, sagte Sally und deutete mit dem Finger auf Ted. Dann drehte sie sich zu David um und antwortete: »In Ordnung, ich werde die Aufgabe erledigen. Das verspreche ich.«

»Achten Sie auch darauf, daß sie richtig erledigt wird. Ich habe keine Zeit für Ihre Wischiwaschi-Einstellung«, sagte Ted.

»Okay, Frank, jetzt sind Sie an der Reihe«, sagte David.

»Ich bin froh, daß alles gut läuft. Keine Probleme. Ich liege im Zeitplan. Ich habe alles erledigt, was erledigt werden muß«, erklärte Frank.

»Dann wollen wir die einzelnen Aktivitäten durchsprechen«, sagte David und ging die einzelnen Aufgaben in Franks Plan durch.

»Jetzt, da wir alle Aufgaben durchgegangen sind, kann ich Ihnen sagen, daß nicht alle Aufgaben rechtzeitig begonnen oder ganz erledigt wurden. Sie waren nicht ganz ehrlich zu mir, Frank«, erklärte David und sah ihn an.

»Ich habe einen Fehler gemacht, Sir. Was ich dachte und was tatsächlich geschehen ist... waren wohl zwei verschiedene Paar Stiefel«, gestand Frank.

»Also, genug der Raterei. Versuchen Sie, alles unter Kontrolle zu halten«, befahl David.

»Ja, Sir«, sagte Frank und ahmte einen militärischen Gruß nach.

»Jetzt, da wir die Lage besprochen haben, werde ich die neuen Informationen in den Computer eingeben, um einen aktualisierten Zeitplan und einen Satz Berichte zu erhalten. Sie erhalten sie morgen in der Besprechung um ein Uhr. Diejenigen unter Ihnen, die Probleme haben, den Zeitplan zu erfüllen, und vielleicht das Budget überschritten haben, sollten darauf achten, daß die Situation korrigiert wird. In Ordnung?«

Alle bis auf einen nickten zustimmend. Ted. Er starrte Sally nur wütend an.

David bemerkte die Spannung, versuchte aber, sie zu ignorieren. Er stellte die Overheadprojektoren aus und sagte: »Gut, jetzt möchte ich Ihnen erklären, welche Bedeutung die Projekttafel für Sie hat...«

28

Tragen Sie Konflikte produktiv aus!

David stürmte in sein Büro. Noah hatte die Füße auf den Schreibtisch gelegt und die Hände hinter dem Kopf verschränkt, während er an seiner Pfeife zog und seinen grauen Bart streichelte.

»Wo zum Teufel waren Sie? Und nehmen Sie die Füße von meinem Schreibtisch«, schrie David.

Noah nahm die Füße vom Tisch und setzte sich aufrecht hin. »Sie klingen erregt. Ist während der Besprechung irgend etwas passiert?«

»Ob etwas passiert ist?« fragte David und starrte ihn mit offenem Mund an. »Das kann man wohl sagen! Ich habe gerade die schlimmste Besprechung meines Lebens erlebt. Das ist passiert.«

»Stimmt das wirklich?«

»Was? Was soll das denn heißen? Ich habe es Ihnen doch gerade gesagt«, stieß David wütend hervor.

»Sie haben mir nur gesagt, wie Sie sich fühlen. Die schlimmste Besprechung Ihres Lebens. Das ist ebenfalls Ihre subjektive Meinung. Sie sind nicht objektiv. Und ich weiß es, weil ich alles mit angehört habe«, erklärte Noah.

»Sie haben alles gehört? Wie denn?« fragte David.

Noah berichtete: »Ich habe durch die offene Konferenzzimmertür gelauscht. Ich habe so getan, als sei ich ein Türsteher. Sie haben mich nicht bemerkt. Sie sind sich Ihrer Umgebung nicht bewußt, konzentrieren sich nur auf Ihre Bedürfnisse, nicht auf das, was um Sie herum vorgeht. Es war einfach für mich. Gegen Ende der Besprechung habe ich mich schnell aus dem Staub gemacht, als Sie noch von der Projekttafel erzählt haben.«

David lachte nervös, bevor er ernst wurde: »Sie haben mich im Stich gelassen.«

»Sie werfen mit Worten um sich, als ob Menschen keine Gefühle haben. Ich gehe.« Noah erhob sich von seinem Stuhl.

»Was? Sie verlassen mich schon wieder?« David veränderte den Ton seiner Stimme. »Hören Sie, Noah, es tut mir leid. Wirklich. Ich bin eben furchtbar gestreßt«, erklärte David.

»Das ist leicht zu verstehen.« Noah setzte sich wieder. »Soll ich Ihnen sagen, was wirklich passiert ist?«

»Ja«, sagte David, als auch er auf einem Stuhl neben seinem Schreibtisch Platz nahm.

»Schießen Sie los.«

»Sie haben so ziemlich alles gehört?«

Noah nickte.

»Das ist mir peinlich«, erwiderte David.

»Das sollte Ihnen auch peinlich sein. Sie müssen sich nicht schämen, aber peinlich sollte es Ihnen sein.«

»Ja, ich weiß, ich habe da ein paar echte Probleme«, gestand David. »Was habe ich also falsch gemacht?«

»Ich bin froh, daß Sie einsehen, daß Sie mehr als nur ein Problem haben. Wir wollen alle nacheinander durchgehen.«

»Das klingt gut. Bitte erteilen Sie mir die erste Lektion.«

»Hatte Ihre Besprechung irgendeine Ordnung oder Richtung? Oder ging es chaotisch zu?«

»Nein, ich hatte keine Ordnung oder Richtung in meiner Besprechung. Wäre ich sonst in dieser geistigen Verfassung?« fragte David. »Lang lebe König Chaos.«

»Hier muß kein chaotisches Leben herrschen. Erhebe dich, oh du attraktive Tagesordnung. Wenn man eine Tagesordnung hat, wissen alle, welche Themen während der Besprechung diskutiert werden. Und wenn Sie die Zeit angeben, die für jeden Punkt zur Verfügung steht, bekommt Ihr Team eine Vorstellung davon, wie lange die Besprechung tatsächlich dauern wird«, erklärte Noah.

»Was also fehlte, war eine Tagesordnung? Warum habe ich denn daran nicht gedacht?« David schlug sich an die Stirn. »Das steht sogar im Projekthandbuch. Die Besprechung wäre wahrscheinlich weniger anstrengend und schneller vorüber gewesen, wenn ich mich an das Projekthandbuch gehalten hätte. Ein guter Punkt. Das nächste Mal werde ich die Tagesordnung vorher verteilen, damit alle wissen, was wann abgedeckt wird und wieviel Zeit dafür zur Verfügung steht. Nun, wie lautet Lektion Nummer zwei?«

»Warum haben Sie während der Lagebesprechung die Lage geklärt? Warum haben Sie die Lage nicht vorher besprochen?

»Die Lage vor der Lagebesprechung klären? Warum gibt es dann überhaupt eine Lagebesprechung?«

Noah beugte sich zu dem jungen Manager vor. »Zweck der Lagebesprechung ist es, einzuschätzen, wie gut alles klappt. Das bedeutet, daß man die Daten zuerst sammelt und dann neue Zeitpläne und Berichte erstellt, um während der Besprechung die richtige Einschätzung vornehmen zu können. In Wirklichkeit brauchen Sie nur eine Besprechung, aber so, wie es bei Ihnen läuft, brauchen Sie zwei.«

»Sie haben recht«, stimmte David zu. »Ich habe einfach nicht daran gedacht, den Status jeder Aktivität im Zeitplan zu erfahren und dann die Berichte zu erstellen. Dann könnten wir eine Schätzung vornehmen, wie wir Kosten, Zeitplan und Qualitätsziele des Projekts einhalten können.« Er stieß einen Seufzer aus und holte tief Luft.

»Ihr Gesicht sagt mir, daß Sie meinen, wir seien fertig, aber das stimmt nicht.«

»Noch nicht?« Davids Stimme klang angespannt. »Das verstehe ich nicht. Mein Gott, ich habe wirklich alles falsch gemacht. Okay, die nächste Lektion bitte.« Verzweifelt warf er die Arme in die Luft.

»Ein klassischer Fehler, den Sie gemacht haben, war, Schlüsse zu ziehen, bevor Sie alle Tatsachen gehört haben. Das ist wirklich übel.«

»Was meinen Sie damit, Noah? Ich hatte einen Grund für das, was ich getan habe. Vielleicht war es nicht richtig, aber...«

»Aber Sie haben es trotzdem getan. Sie haben nicht nachgedacht. Sie haben es sich nicht durch den Kopf gehen lassen. Sie sind einfach zur erfolgreichen Partei übergelaufen und wirklich ins Fettnäpfchen getreten.«

»Genug, Noah. Ich möchte auch mal etwas sagen. Ich sage Ihnen, warum ich es getan habe.«

»Nein, mein junger Freund«, sagte Noah und lachte glucksend. »Ich sage Ihnen, warum Ted sich so fühlte. Und wie Sie ihn behandelt haben, oder sollte ich lieber sagen, vor seinen Kollegen mißhandelt haben. Ich möchte Sie mal fragen, wie sich Ted wohl Ihrer Meinung nach während des Gesprächs gefühlt hat, als er verurteilt wurde, ohne seine Gründe erklären zu können? Doch viel schlimmer war, daß es mir so schien, als ob Sie Ted persönlich angegriffen haben. Und ich denke, daß er sich wahrscheinlich genauso schlecht gefühlt hat, wie Sie sich jetzt fühlen.«

»Ja, ich muß zugeben, daß ich Ted gegenüber etwas streng war. Dann habe ich herausgefunden, daß Sally es war, die das Problem verursacht hatte, nicht Ted. Mein Gott, was für ein Fehler. Ted würde mich wahrscheinlich am liebsten zwei Meter unter der Erde sehen.«

»Oder noch tiefer. Ich wette, jetzt gerade waren Sie auch sehr wütend auf mich.«

David nickte. »Ja, ich war wütend auf Sie. Ted muß mir gegenüber genau dieselben Gefühle haben. Und Sie haben recht – ich habe ihn kritisiert, statt die Ursache des Problems herauszufinden. Und um alles noch schlimmer zu machen, habe ich es auch noch vor seinen Kollegen getan. O mein Gott, was für ein Desaster.«

»Ich hoffe, daß Sie dabei etwas gelernt haben.«

David hustete, bevor er weitersprach. »Also, ich habe gelernt, daß ich mir von allen zuerst Informationen geben lassen muß, wozu auch ihre Meinungen zählen. Dann sollte ich eine Beurteilung der Lage und nicht der Person vornehmen und dann die Ursachen der Probleme identifizieren. Da ist jedoch eine Sache, die mich verwirrt«, sagte David.

»Nur eine? Ich bin beeindruckt.«

»Warum hat Frank gelogen?«

»Um die Realität der Situation zu verbergen. Und um sich vor Ihrem Zorn zu schützen.« Noah nahm seine Mütze ab und strich sich über das schüttere Haar.

Wieder schüttelte David den Kopf. »Sie haben recht. An Franks Stelle hätte ich auch gelogen. Er hat meine Kritik vor den anderen befürchtet und hat gesehen, wie ich reagiert habe. Es ist nicht verwunderlich, daß er gelogen hat. Ich würde es genauso machen, wenn ich es mir recht überlege. Kein Wunder, daß er mich nach der Besprechung treffen wollte, um ein paar Punkte mit mir zu besprechen.«

»Es ist besser, Sorgen und Probleme gleich vor der ganzen Gruppe zur Sprache zu bringen«, sagte Noah. »Auf diese Weise bekommen alle die Chance, eine Lösung zu finden. Und alle können entscheiden, welche Wirkung das Problem und alternative Lösungen in ihren Bereichen haben werden.«

»Das stimmt. Es gab Sorgen, die mit allen Anwesenden hätten besprochen werden sollen. Also, vielen Dank für Ihre Einblicke. Ich werde mich an alle erinnern. Wirklich.« David erhob sich von seinem Stuhl.

»Ihr Gesichtsausdruck sagt mir, daß wir Ihrer Meinung nach fertig sind, doch das wird sich gleich ändern.«

»Noch eine Lektion? Was denn jetzt noch?« fragte David und ließ sich wieder auf den Stuhl fallen.

Noah setzte seine Mütze auf und strich sich über den Bart. »Befehlen Sie nie jemandem, etwas in Ordnung zu bringen, ohne präzise zu werden. Diskutieren Sie Probleme. Identifizieren Sie die Ursachen. Schlagen Sie Alternativen vor. Seien Sie bei Ihren Anweisungen präzise.«

»Ich verstehe«, sagte David, wie er es schon so viele Male zuvor getan hatte. »Ich habe die Lagebesprechung beendet, indem ich allen gesagt habe, daß Sie die Probleme, die die Zeitplanverzögerung verursacht haben und die sich später, wenn ich die aktuelle Lage in den Computer eingebe, zeigen werden, lösen sollen. Das war nicht besonders klug. Wie können sie etwas in Ordnung bringen, wenn sie keinerlei Vorstellung haben, was die Ursache ist? Und wie sehen die Methoden zur Aufdeckung von Ursachen und Verhütung aus?«

»Es verhält sich genauso, wenn man mit Schmerzen zum Arzt geht. Der Arzt sagt einem, daß es einem besser gehen soll, und zwar bald.«

»Diese Analogie gefällt mir. Sie haben recht.« Dann fragte David: »Okay, aber was kann ich noch tun, um eine Zeitplanverzögerung oder eine Überschreitung des Budgets oder schlechte Qualität zu vermeiden, als alles besser zu machen?«

»Etwas besser zu machen bedeutet, klüger vorzugehen. Doch darüber sollten wir ein anderes Mal reden.«

»In Ordnung. Darüber reden wir später. Wohin gehen Sie?« fragte David.

»Nach Hause«, antwortete Noah, erhob sich und ging in Richtung Ausgang.

»Nach Hause?« fragte David und sprang auf. »Aber ich möchte Ihnen das Verwaltungsgebäude zeigen, damit Sie eine Vorstellung von meinem Arbeitsumfeld erhalten.«

»Ein andermal, ja?«

David wußte, daß dies ein Befehl und keine Bitte war.

»In Ordnung. Ich sehe Sie morgen nach der Lagebesprechung. Passen Sie auf sich auf. Und nochmal vielen Dank«, sagte David. »Soll ich Sie fahren?«

»Nein.« Noah schlug die Tür hinter sich zu.

Was für ein Miesepeter, dachte David. Aber ich will auch nicht, daß er wütend auf mich ist. Also, wie kann ich die Leistung bei Zeitplan, Budget und Qualität verbessern?

29

Für Teamentscheidungen sind alle verantwortlich

David schaute auf seine Golduhr – es war schon spät abends. Er verzog das Gesicht. Ach, egal, dachte er. Es ist etwa eine Woche her, seit wir das letzte Mal miteinander geredet haben. Er griff nach dem Telefonhörer und drückte die Tasten. »Noah? Sind Sie es?«

»Was? Wer ist da? Wissen Sie, wieviel Uhr es ist?«

David erkannte die Stimme sofort. »Entschuldigen Sie, ich wollte Sie nicht stören...«

»Ich hoffe, daß es eine wirklich wichtige Sache ist. Ich versuche zu...«

»Die Situation sieht düster aus, verdammt düster, Noah.«

»Haben Sie sich daran gemacht, sie in Ordnung zu bringen?«

»Also, ich weiß nicht, wo ich anfangen soll.«

»Zeit. Versuchen Sie es mit der Zeit.«

»Meinen Sie die Zeitplanung?« fragte David. »In dem Bereich sieht es ganz schrecklich aus.«

»Wie sieht es mit Ihrem kritischen Pfad aus?«

David seufzte schwer und sagte: »Die Aufgaben des kritischen Pfads haben sich alle verzögert. Nach dem Zeitplanbericht und dem Netzplan, den ich gerade auf meinem Computer erstellt habe, liegt der geschätzte Abschluß zwei Wochen hinter dem geplanten Fertigstellungstermin des Projekts. Das Projekt steht noch viel zu sehr in der Entwicklung, als daß wir uns eine solche Verzögerung leisten können.«

»Geld? Wie steht es mit dem Geld?«

»Das Budget? Also, die neue Schätzung bei der Fertigstellung des Projekts liegt 23 Prozent über der ursprünglichen Planung. Die Kosten für die Aufgaben des kritischen Pfads haben das Budget arg mitgenommen. Es sieht überhaupt nicht gut aus«, erklärte David.

»Was ist das für ein Lärm, den ich neben dem Telefon höre? Klingt ja so, als ob Sie in Ihren Stiefeln zittern.«

»Hören Sie, ich gerate nicht in Panik«, erwiderte David schnell mit hoher Stimme, bevor sein Ton wieder tiefer wurde. »Es läuft einfach nicht so, wie ich es erwartet habe.«

»Es ist in Ordnung, nervös zu sein«, sagte Noah. »Das bringt einen zum Denken. Es ist auch in Ordnung, ruhig und vertrauensvoll zu sein. Wie steht es mit der Qualität Ihres Projekts?«

»Leistungsqualität? Also, von Qualität kann ich Ihnen was erzählen! Von allen Seiten erhalte ich Anrufe, die mich mit Lichtgeschwindigkeit zu erreichen scheinen«, antwortete David.

»Sie müssen sehr beliebt sein. Wer ruft Sie an?«

David seufzte. »Subunternehmer, Subunternehmer und noch mal Subunternehmer. Sie beklagen sich über die fehlende Zusammenarbeit zwischen dem Projektteam und ihnen selbst. Die Hälfte der Aufgaben müssen überarbeitet werden.«

»Und was tun Sie?«

»Ich weiß nicht. Was sollte ich denn tun?«

»Woher soll ich das wissen? Die Subunternehmer rufen Sie an, nicht mich.«

»Hören Sie, Noah, ich habe um Hilfe gebeten und nicht darum, daß Sie mir sagen, ich solle es selbst herausfinden.«

»Sie haben die Autorität für Ihr Projekt, David, nicht ich. Also setzen Sie sie ein.«

»Okay, Noah. Ich verstehe, daß ich allein Entscheidungen treffen soll.«

»Das habe ich nicht gesagt. Ich habe nicht gesagt, daß Sie allein Entscheidungen treffen sollen. Das haben Sie gesagt.«

Langsam wurde David ungeduldig. »Liege ich schon wieder falsch? Heißt das, daß ich nicht alle Entscheidungen selbst treffen sollte? Ich dachte, Sie haben gerade gesagt, daß ich der Projektmanager bin und die Autorität habe.«

»Sie sind der Projektmanager«, belehrte Noah ihn. »Und Sie haben die Autorität. Doch das heißt nicht, daß Sie alle Entscheidungen allein treffen müssen. Ihre Leute, Ihr Team, haben das Bedürfnis und den Wunsch, am Entscheidungsprozeß teilzuhaben. Sie haben Meinungen, die wertvoll sind und in Betracht gezogen werden sollten, bevor Sie die endgültige Entscheidung treffen. Wenn Sie sie aus dem Entscheidungsprozeß herauslassen, vernichten Sie nicht nur ihre Begeisterung, sondern hören auch nicht ihre Vorschläge.«

»Leute wie Ted und Sally? Die beklagen sich doch ständig nur. Die ganze Zeit über. Ich kann mir schon vorstellen, wie sie mich am Ende der Besprechung morgen lynchen werden. Ich bin geliefert. Ich kann es einfach nicht, Noah.«

»Lassen Sie es mich so ausdrücken, mein junger Freund. Ihr Status quo ist zur Zeit auch nicht so toll. Es ist wirklich an der Zeit, daß etwas passiert, bevor Sie wirklich den Überblick verlieren.«

David hatte nicht erwartet, daß Noah so unverblümt sein würde. »Wissen Sie, vielleicht haben Sie recht. Wenn ich sie dazu bewegen kann, einige dieser Schwierigkeiten zu lösen, wird sich vielleicht alles noch zum Besten wenden. Sie haben recht, ich habe nichts zu verlieren.«

»Das einzige, was Sie verlieren müssen, ist die Angst, es zu tun.«

»Ein guter Punkt. Vorschläge meiner Mitarbeiter erleichtern mir die Arbeit, und ich halte mir den Rücken frei. Vielleicht wird sich ja sogar die Moral verbessern. Aber können Sie mir nicht ein paar Vorstellungen geben, wie ich meinen Zeitplan, das Budget und die Qualitätsprobleme in Ordnung bringen kann? Nur ein paar Hinweise«, bettelte David.

»Immer schön nachdenken, mein Freund. Es wird Ihnen schon einfallen.«

»Noah, lassen Sie uns kurz das Thema wechseln. Warum sagen Sie mir nicht, welches das vierte Geheimnis ist?«

»Was gibt es da noch zu sagen? Sie kennen es doch bereits!«

»Sie meinen, daß ich es die ganze Zeit über gelernt habe?« fragte David. »Ich dachte, jetzt gerade habe ich etwas über Kontrolle gelernt.«

»Sie haben etwas über Kontrolle gelernt, aber während Sie geplant und organisiert haben, haben Sie auch etwas über das vierte Geheimnis gelernt. Manchmal sieht man den Wald vor lauter Bäumen nicht«, erklärte Noah.

»Machen Sie Witze? Das glaube ich einfach nicht! Ich kann jedenfalls nicht sagen, was es ist«, sagte David.

Noah gähnte laut. »Ich gebe Ihnen einen Hinweis, David. Es ist nicht so greifbar wie die anderen drei Geheimnisse, aber ohne das vierte würde das Projekt ein Mißerfolg werden. Ein Mißerfolg erster Klasse. Ach ja,

David, morgen müssen Sie das vierte Geheimnis übrigens auf der Besprechung einsetzen.«

»Noah, bitte quälen Sie mich nicht so!« bettelte David. »Sagen Sie mir jetzt, was das Geheimnis ist, wenn es so wichtig ist. Noah...«

David hörte das altvertraute Klicken und legte den Hörer ebenfalls auf.

Also gut, ich werde das Projekt wieder auf den Weg bringen, dachte er. Ich werde dafür sorgen, daß mein Team sich zusammenreißt. Wenn dieses Projekt erst einmal endet, werden alle wünschen, daß es weitergehen soll, weil alles wie am Schnürchen geklappt hat. Selbst Ted und Sally werden mir danken.

30

Machen Sie Komplikationen zu Aktionen

Das Konferenzzimmer war voll. David trat ein und setzte sich ans obere Ende des Tisches. Um den Tisch herum saßen seine Teamleiter mit verbissenen Gesichtern und verschränkten Armen. Ted saß ruhig da, drehte Däumchen und schaute sich im Zimmer um, während er vor sich hinpfiff. »Dürfte ich bitte alle um ihre Aufmerksamkeit bitten? Damit meine ich auch Sie, Ted.«

»Ja, ist ja gut«, sagte Ted.

»Danke. Wie Sie bemerkt haben, war unsere Besprechung gestern alles andere als erfolgreich. Ich habe von meiner Seite aus ein paar Fehler gemacht, und ich möchte sichergehen, daß diese Probleme nicht wieder an die Oberfläche kommen. Das Ganze hier ist ein Teamprojekt, und es kann nur erfolgreich verlaufen, wenn Sie mitarbeiten. Jeder einzelne von Ihnen wurde als Leiter für dieses Projekt gewählt, weil Sie Fachkenntnis, Erfahrung und Wissen haben. Diese Quellen möchte ich gerne anzapfen, damit wir dieses Projekt erfolgreich beenden können.«

»Jetzt werde ich also die Tagesordnung von heute herumgeben«, fuhr David fort. »Jeder von Ihnen erhält eine Kopie. Sie können sehen, daß wir Probleme besprechen werden, die mit dem Zeitplan zusammenhängen. Im Augenblick scheinen Budget- und Qualitätsleistung gut zu sein. Außerdem reiche ich Kopien der Berichte herum, damit Sie sie überprüfen können.«

»Sind diese Berichte aktuell?« fragte Ted.

»Ja«, erwiderte David. »Sie beruhen auf den Informationen, die ich gestern während der Besprechung erhalten habe. Von heute an werde ich Angaben zum Status quo vor der Lagebesprechung am Montag sammeln. Vorzugsweise am Freitagnachmittag um 15 Uhr. Doch bevor ich dies so festlege, möchte ich hören, ob das irgendwie Probleme bereitet. Sally?«

»Nein«, antwortete Sally.

»Absolut nicht«, stimmte Frank zu.

»Freitag? Mir wäre es lieber...« sagte Ted.

»Ich habe gehört, daß er sich am Freitag heimlich früh davonmacht«, sagte Sally.

»Kümmern Sie sich um Ihre eigenen Angelegenheiten oder ich...«, fuhr Ted sie an.

»Bitte hören Sie auf, sich wie kleine Kinder zu benehmen. Freitag, Ted?« fragte David.

»Sicherlich, Freitag«, stimmte Ted zu. »Mit Vergnügen.«

»Großartig. Ich werde die neuen Berichte zusammenstellen, und sie werden uns für unsere Lagebesprechung am Montag zur Verfügung stehen«, erklärte David und schaute Ted dabei an. »Das heißt, eine Besprechung weniger für Sie, so daß Sie und die anderen sich auf die Vollendung des Projekts konzentrieren können. Und Sie alle erhalten Kopien der Tagesordnung von Montag bis zum Freitag, damit wir alle wissen, was ansteht.«

»Jetzt sprechen Sie meine Sprache«, sagte Ted.

»Klingt nicht gerade so, als spräche er wie ein Grundschüler«, spottete Sally. »Besuchen Sie etwa gerade einen Volkshochschulkurs, Ted, und verraten es uns nicht?«

»Sally, Ihre Kommentare sollten sich nur auf das Projekt beziehen«, erklärte David.

»Ja, zeigen Sie's ihr«, bemerkte Ted.

»Das gilt auch für Sie, Ted«, befahl David. »Jetzt wollen wir uns mit den Problemen befassen, die den Zeitplan betreffen. Wie ich bereits gesagt habe – ich brauche Ihre Hilfe bei der Entscheidung, was die beste Methode ist, um der Verzögerung des Fertigstellungstermins entgegenzuwirken. Wir können uns an den Status quo halten oder etwas anderes tun.«

Sally hob den Arm und sagte: »Also, ich würde vorschlagen, neu zu planen. Das scheint viel leichter als...«

»Neu planen?« fragte Ted. »Sie machen wohl Witze. Das würde wieder mehr Zeit kosten. Außerdem waren meine Angaben akkurat.«

»Meine auch«, sagte Sally.

»Das trifft auch für mich zu«, bemerkte Frank. »Ich glaube nicht, daß wir neu planen müssen. Dazu ist es noch viel zu früh. Aber nach dem Status quo zu arbeiten, wird auch nicht helfen.«

»Da stimme ich zu. So frühzeitig eine Neuplanung vorzunehmen ist einfach zu früh. Hat irgend jemand Vorschläge, was wir tun können, um die Sache in den Griff zu bekommen?« fragte David.

»Ich meine, wir sollten uns zuerst nur auf die wichtigen Aufgaben konzentrieren und nicht versuchen, alles zu vollenden, was bis zu diesem Zeitpunkt fertiggestellt sein sollte«, schlug Ted vor.

»Sie meinen, wir sollten uns nur auf den kritischen Pfad konzentrieren?« fragte David.

»Ja, genau«, stimmte Ted zu.

»Das ergibt Sinn«, sagte Sally nickend. »Auf diese

Weise sollte es uns gelingen, wieder zu dem alten Zeitplan zurückzukehren. Aber wie sieht es mit den Aktivitäten aus, die sich nicht auf dem kritischen Pfad befinden?«

Frank mischte sich in das Gespräch ein. »Sie verzögern sich eben ein bißchen, aber wir haben genug Pufferzeit. Solange die Verzögerung nicht größer als die Pufferzeit ist, müssen wir uns wegen dieser Aktivitäten keine Sorgen machen. Wir erledigen sie eben nach und nach.«

»Wie sehen unsere Alternativen aus? Lassen Sie uns laut nachdenken«, sagte David.

»Wir könnten die Leute Überstunden machen lassen«, schlug Sally vor. »Oder mehr Ganzzeitkräfte beschäftigen. Eine andere Möglichkeit wäre, erfahrene Leute als Teilzeitkräfte einzustellen. Als Berater, meine ich. Oder wir könnten die Arbeit verlagern.«

»Was bedeutet das?« fragte Frank.

»Outsourcing«, erklärte Sally, »ist das aktuelle Schlagwort dafür, jemand anderen einzustellen, der die Aufgabe erledigt, weil man selbst nicht die erforderlichen Fähigkeiten hat. Aber ich bin mir nicht so sicher...«

»Gute Ideen, aber ich möchte nicht das Budget auch noch belasten«, warnte David, als er Sally unterbrach. »Es ist einfach nicht praktikabel. Überstunden bedeuten höhere Lohnkosten, und die Einstellung neuer Leute oder Berater erhöht die Lohnkosten insgesamt.«

»Wir könnten die Qualität unserer Arbeit senken. Das scheint hier sowieso an der Tagesordnung zu sein. Die Aufgaben im Zeitplan ließen sich dann schneller lösen«, schlug Ted vor.

»Kann die Arbeitsqualität Ihrer Leute denn überhaupt noch gesenkt werden, Ted?« fragte Sally.

Ted wurde rot im Gesicht und griff sich den Stift, der auf dem Tisch lag. »Sehen Sie diesen Stift, Sally? Wissen Sie, wo Sie...«

David wurde der ständigen Streitereien überdrüssig.

»Jetzt ist aber Schluß. Das gilt für Sie beide. Wenn Sie sich schon als Profis bezeichnen, sollten Sie sich auch wie Profis benehmen.« Er holte tief Luft, um seine Fassung wiederzugewinnen. »Eine Senkung der Qualität resultiert nur darin, daß wir viel überarbeiten müssen, wodurch wir juristische Probleme bekommen könnten. Können Sie sich vorstellen, was passiert, wenn wir die Käfige nicht ganz reinigen? Die Krankheiten, die sich verbreiten würden? Die Arztrechnungen, die dabei auflaufen würden?«

»Es scheint, daß die Konzentration auf die Aufgaben des kritischen Pfads das Beste ist, was wir machen können. Aber ich könnte mir da noch eine Sache vorstellen, die die Leistung im Zeitplan verbessern könnte«, sagte Frank

»Das wäre?« fragte David.

»Bessere Kommunikation«, erklärte Frank. »Meine Leute müssen wissen, wann Teds Leute mit ihren Aufgaben fertig sind. Das gilt auch für Sally. Manchmal erfahren wir erst ein oder zwei Tage später, daß etwas fertig ist. Die Kommunikation ist schrecklich. Wie wäre es, wenn Sie mich einfach anrufen würden? Wenn Sie eine Arbeit fertiggestellt haben, die es meinen Leuten ermöglicht, mit ihrer zu beginnen, könnten Sie mich dann anrufen? Das würde uns helfen, unsere Aufgaben schneller zu erledigen. Und auch wir haben es bisher nicht gemacht. Wir werden Sie ebenfalls anrufen.«

»Klar«, sagte Sally.

»Darauf können Sie sich verlassen. Ich habe gar nicht gemerkt, daß das passiert ist. Wahrscheinlich waren wir zu sehr damit beschäftigt, unsere eigene Arbeit zu ordnen«, sagte Ted.

»Großartig. Wir machen Fortschritte.« Dann fragte David: »Gibt es noch irgend etwas, über das wir reden müßten?«

Alle schüttelten den Kopf.

»Dann sehen wir uns wieder am nächsten Montag. Aber

denken Sie daran – mein Büro steht Ihnen jederzeit offen. Ich werde am Freitag um 15 Uhr vorbeikommen und mir die Daten zur Lage geben lassen und eine Kopie der Tagesordnung für Montag vorbeibringen. Alles Gute«, sagte David, als er eilig das Konferenzzimmer verließ. Ich habe es geschafft, dachte er. Ich habe eine ehrliche, produktive Besprechung geleitet. Noah, Sie sind der Größte.

31

Zeitplan, Budget und Qualität – Knackpunkte der Projektplanung

David saß hinter seinem Schreibtisch und griff nach dem Telefon. Er konnte dem Drang einfach nicht widerstehen, Noah zu erzählen, wie gut er seine Aufgabe gelöst hatte, und ihn um das vierte Geheimnis zu bitten.

»Noah, ich bin's.«

»Hallo, was gibt's diesmal?« fragte Noah.

»Eigentlich nichts.«

»Aha, es ist also ein reiner Freundschaftsanruf?«

»Noah, ich wollte Ihnen nur sagen, daß in meiner Besprechung alles wunderbar geklappt hat. Wir haben diskutiert, welche Möglichkeiten es gibt, um die Sache wieder in den Griff zu kriegen. Es war sehr produktiv.«

»Schön für Sie, David. Das sind Nachrichten, die ich gerne höre. Wie geht es dem duellierenden Duo?«

»Sie meinen Ted und Sally?« fragte David, aber er erwartete eigentlich keine Antwort. »Also, Sie können darauf wetten, daß ich Ted in den Griff gekriegt habe und Sally auch. Ich glaube, ich habe ihnen zeigen können, daß ich ihre Einstellung nicht mag. Nachdem ich ihrem Unsinn Einhalt geboten hatte, zeigten sie beide konstruktive Lösungsmöglichkeiten auf, um die Leistung bei der Einhaltung des Zeitplans zu verbessern.«

»Und Frank?«

»Frank hatte ein paar gute Ratschläge. Er erwähnte, daß die Kommunikation verbessert werden müsse. Das Team hat eine Möglichkeit entwickelt, diesen Stolperstein ebenfalls aus dem Weg zu räumen.«

»Gut, gut. Wie steht es mit der Planung für den Notfall?«

David lachte. »Ja, Noah, ich bin gerade dabei, unsere Notfallsplanung zu aktualisieren, um Probleme mit dem Zeitplan zu handhaben. Auf diese Weise werden wir wissen, wie wir verwandte Probleme in der Zukunft mit relativer Leichtigkeit handhaben können.«

»Zurück zu den Mäusen.«

»Mit dem Budget gibt es keine Probleme«, sagte David.

»Wirklich?«

Die Frage ließ David zweimal über das Budget nachdenken. »Richtig, zumindest jetzt im Moment nicht.«

»Und mit der Qualität ist alles okay?«

»Keine Probleme mit der Qualität.« Wieder mußte David sich besinnen. »Zumindest nicht im Augenblick«, sagte David.

»Offenbar sind Sie in Panik geraten, als Sie dachten, Sie hätten die Zeitplanung, das Budget und die Qualität nicht im Griff. Jetzt scheint es Ihnen wieder besser zu gehen. Gute Arbeit!«

»Noah, ich möchte gerne wissen, was das vierte Geheimnis ist«, bettelte David. »Sie müssen es mir sagen. Ich plane, organisiere und kontrolliere das Projekt. Was gibt es da noch? Bitte, ich möchte es wissen. Bald kommt Craig Yuggenheim zu Besuch. Vielleicht wird mir das vierte Geheimnis helfen, mit ihm umzugehen. Ich hoffe, daß ich dann in der Lage bin, das Projekt zu leiten.«

Noah stieß einen lauten Seufzer aus. »Sie haben das Geheimnis bei der Lagebesprechung eingesetzt, auf die Sie so stolz sind. Ich habe Ihnen doch gesagt, daß Sie es tun würden. Und Sie haben Erfolg gehabt. Was wollen Sie also jetzt noch von mir?«

»Kommen Sie, Noah. Ich weiß, daß Sie mir gesagt haben, sie hätten mir das Geheimnis bereits offenbart. Aber ich kann mir einfach nicht erklären, was es ist.«

»Sie werden schon noch darauf kommen. Eigentlich haben Sie es gerade schon getan. Schlagen Sie sich mal an die Stirn.«

»Ich habe es also bereits eingesetzt? Und erfolgreich, bei der Lagebesprechung? Was? Ich komme immer noch nicht darauf.«

»Sie sind auf dem besten Weg«, sagte Noah lachend.

»Was meinen Sie, ich bin auf dem besten Weg?« fragte David. »Sie haben doch gesagt, daß ich es bereits kenne, und ich habe gesagt, daß ich es nicht kenne.«

»Doch, Sie kennen es.«

»Nein, das stimmt nicht.«

David hörte das vertraute Klicken.

Ich weiß nicht, was mit dem Burschen los ist, dachte er. Manchmal denke ich, er glaubt, ich werde das Projekt allein leiten. Er gibt mir Informationen und läßt mich dann einfach hängen. Verrückter Typ. Es scheint alles so unsinnig, und dann ergibt es wieder Sinn, wenn es absolut unsinnig erscheint!

32

Die Tücken des Histogramms

Craig Yuggenheim folgte David in das Konferenzzimmer, um sich die Projekttafel anzusehen. Harrison stand neben den beiden.

»Sir, hier haben wir den Zeitplan des Projekts«, erklärte David und zeigte auf die Tafel. »Ich habe eine Kopie der Tabelle auf hoher Ebene an der Tafel. Wenn Sie möchten, können Sie sich den Netzplan darunter an der Tafel hier ansehen.«

»Die Tabelle sagt mir überhaupt nichts«, bemerkte Mr. Yuggenheim. »Nur, wann die Aktivitäten anfangen und enden sollen. Ich sehe jedoch, daß einige Säulen in der Tabelle farbig sind. Was hat das zu bedeuten?«

»Stimmt genau«, bemerkte David. »Der farbige Bereich zeigt an, daß die Aktivität begonnen hat und zu welchem Prozentsatz sie vollendet ist.«

»Und die Säulen, die ganz farbig sind, zeigen was?« fragte Mr. Yuggenheim.

David lächelte und erwiderte: »Daß sie zu 100 Prozent fertig sind.«

»Wie Sie also sehen können, macht das Projekt gute Fortschritte«, warf Harrison ein.

»Diese Bemerkung möchte ich etwas modifizieren, Sir«, erklärte David.

»Ach?« fragte Yuggenheim.

»Einige Aktivitäten auf dem kritischen Pfad, der im Netzplan sichtbar ist, haben sich verzögert«, erklärte David.

»Das heißt?« fragte Mr. Yuggenheim, zog ein gelbes Seidentuch hervor und wischte sich den Schweiß von der Stirn.

»Das heißt, daß wir dem Zeitplan hinterherhinken«, erklärte David. »Das heißt, wenn wir mit der jetzigen Geschwindigkeit weitermachen, werden wir es nicht bis zu dem Fertigstellungsdatum schaffen, das Sie gefordert haben.« Dann deutete er mit dem Finger auf den letzten Aktivitätsbericht im Netzplan.

»Aber Ihnen ist es gelungen, das in den Griff zu kriegen, oder?« fragte Mr. Yuggenheim.

David bemerkte, wie Harrison nickte, um dem jungen Manager einen Wink zu geben, wie er antworten sollte.

»Ja, in der Tat. In unserer letzten Lagebesprechung haben wir Möglichkeiten gefunden, wie wir den Zeitplan wieder einholen können. Ich bin genau wie die anderen auch zuversichtlich, daß wir bei der nächsten Lagebesprechung, die in einer Woche stattfindet, wieder in der Zeit liegen«, erklärte David.

»Erzählen Sie Mr. Yuggenheim vom Budget«, befahl Harrison.

»Ja, das Budget. Das ist meine nächste Frage«, sagte Mr. Yuggenheim.

»Ich bin froh, daß Sie darauf zu sprechen kommen. Kommen Sie bitte hier herüber, wo Sie den Budgetbericht an der Tafel sehen können«, sagte David und führte beide Männer zu der entsprechenden Stelle. »Wir liegen bis zur letzten Lagebesprechung genau richtig mit den geplanten und den tatsächlichen Ausgaben.«

»Ich achte auf jeden Pfennig der ausgegeben wird, nicht wahr, David?« fragte Harrison.

»Ja, das stimmt, Sir«, antwortete David.

»Sehr gut. Erklären Sie mir jetzt, was Sie noch alles hier an der Tafel haben«, forderte Mr. Yuggenheim ihn auf, fuchtelte mit dem Arm herum und steckte sein Taschentuch wieder ein.

»Also, hier drüben haben wir die Organisationstabelle. Sie zeigt mich als Projektmanager, meine Leiter und die Leute, die ihnen Bericht erstatten«, erklärte David.

»Ich sehe mich gar nicht hier aufgeführt. Wo stehe ich denn?« fragte Harrison.

David betrachtete die Tabelle genau. »Tut mir leid, Sir. Da muß etwas übersehen worden sein. Ich werde die Tabelle überarbeiten, damit sie anzeigt, daß ich Ihnen Bericht erstatte.«

Harrison reagierte mit einem frostigen »Danke«.

»Und was ist das?« fragte Mr. Yuggenheim.

»Das ist der Computerausdruck der Arbeitsgliederungsstruktur. Sie zeigt alle Aufgaben und Unteraufgaben, die nötig sind, um das Projekt zu vollenden«, erklärte David.

»Und das hier?« fragte Mr. Yuggenheim.

»Das ist eine Kopie der Vereinbarungserklärung. Sie wurde aufgehängt, damit alle immer wieder sehen können, was das Projekt erzielen will und unter welchen Parametern«, antwortete David.

»Ich verstehe«, sagte Mr. Yuggenheim. »Und dieser Plan?«

»Es ist der Plan des Zoos«, stieß Harrison hervor. »Das war meine Idee.«

»Wirklich?« fragte Mr. Yuggenheim.

»Ja«, sagte David, der versuchte, einen potentiellen Graben zwischen sich und seinem Chef zu vermeiden. »Es hilft uns, Kommunikationsprobleme zu lösen, wenn es darum geht, was sich wo befindet.«

»Und das hier?« fragte Mr. Yuggenheim und deutete auf den Bereich unten rechts.

»Das ist ein Bereich für Verschiedenes – Berichte und andere Dokumente, die die Leute vielleicht hin und wieder durchsehen wollen«, erklärte David.

Mr. Yuggenheim betrachtete die Tafel eingehend, indem er einen Schritt zurücktrat. »Diese Tafel ist recht interessant. Sie bezeichnen Sie als Projekttafel, ja? Ja, jetzt verstehe ich.«

David wußte, daß er Mr. Yuggenheim beeindruckt hatte. »Wenn wir hier Lagebesprechungen und andere Sitzungen abhalten, können wir bequem auf sie zurückgreifen und Schwierigkeiten lösen.«

»Sie leisten ganze Arbeit hier, meine Herren. Ich bin beeindruckt«, lobte Mr. Yuggenheim. »Ich werde meine Familie anrufen und ihr sagen, daß Sie hier alles unter Kontrolle haben.«

»Danke, Sir«, sagte David.

Harrison nickte. »Großartig. Ich werde alles im Auge behalten.«

»Tun Sie das«, sagte Mr. Yuggenheim. »Ich muß gehen.« Dann verließ er das Konferenzzimmer.

Harrison drehte sich zu David um und sagte: »Mr. Yuggenheim, ich meine Craig, meint es ernst, wenn er sagt, daß wir gute Arbeit leisten. Ich glaube, wir können stolz auf das sein, was wir tun.«

»Ich wüßte nicht, was ich ohne Ihre Anleitung und Führungsstärke tun würde«, antwortete David und folgte Mr. Yuggenheim hinaus. Lächelnd schloß er die Tür des Konferenzzimmers und ließ Harrison allein zurück.

33

Etwas muß sich ändern!

Die Teamleiter saßen um den Konferenztisch herum, und David eröffnete die Sitzung. »Ich habe die Lagedaten von allen erhalten, und die neuesten Zeitpläne, die ich gerade verteilt habe, spiegeln sie wider. Wie Sie sehen können, liegen wir wieder in der Zeit.«

»Ich weiß, daß ich wieder in der Zeit liege«, bemerkte Ted.

»Sind Sie sich da so sicher, Teddy?« fragte Sally.

Ted zeigte mit dem Finger auf sie. »Denken Sie daran, daß ich vielleicht eines Tages Ihr Chef bin. An Ihrer Stelle würde ich lieber vorsichtig sein.«

»Ted, Sie müssen irgendwas rauchen«, sagte Sally.

»Hören Sie, genug davon, bitte«, unterbrach Frank die beiden Kontrahenten.

»Danke, Frank«, sagte David, den Franks Selbstbewußtsein überraschte. »Wir wollen uns an die Tagesordnung halten. Jetzt können wird den Zeitplan befolgen, ohne uns nur auf die Aufgaben des kritischen Pfads zu konzentrieren. Bitte blättern Sie zum Budgetbericht um.«

»Wow!« rief Ted aus.

»Mein Gott!« schrie Sally.

»Ich kann es nicht glauben!« sagte Frank.

»Ich glaube es. Die Kostenschätzung für die Vollendung des Projekts mit der aktuellen Geschwindigkeit ist höher, als wir zulassen können. Wir müssen etwas unternehmen. Sally, haben Sie irgendwelche Ideen?« fragte David.

»Wir könnten die Mitarbeiterstärke reduzieren«, schlug Sally vor.

»Das wird nicht funktionieren. Ich habe schon jetzt nicht genug Leute«, sagte Ted.

»Ich auch nicht, es wäre einfach nicht praktikabel«, fügte Frank hinzu.

»Der Meinung bin ich auch. Wie sieht es damit aus, weniger teure Subunternehmen für die manuellen Arbeiten zu beauftragen?« fragte David. »Vielleicht könnten wir auf diese Weise Kosten sparen.«

»Ja, das könnte ich tun. Ich habe gehört, daß eine andere Firma billiger und ihr Ruf besser ist«, sagte Frank.

»Warum haben Sie sie denn dann noch nicht vorher eingesetzt?« fragte Ted.

»Weil wir schon seit Jahren mit dem jetzigen Subunternehmen arbeiten. Das ist alles. Es war bequem, aber teuer«, sagte Frank.

»Können Sie dies gleich in Angriff nehmen?« fragte David.

»Darauf können Sie sich verlassen«, erwiderte Frank.

»Da wir gerade von den Kosten reden. Ich glaube, wir könnten zum Einreißen der Käfige und Gebäude und zum Wegschaffen des Schutts preiswertere Maschinen mieten. Die jetzige Leihfirma ist teuer und oft unpünktlich. Ich glaube, ich habe da eine bessere Adresse«, sagte Ted.

»Bitte erkundigen Sie sich gleich, Ted. Was können wir noch tun?« fragte David.

»Wir können die Überstunden reduzieren. Einige von

uns, ich eingeschlossen, haben mehr als acht Stunden pro Tag gearbeitet«, sagte Sally.

»Waren Überstunden für die Erledigung der Aufgaben nötig?« fragte David.

»Um die Zeitplanverschiebung wieder hereinzuholen, ja«, bemerkte Sally. »Bei uns stehen noch einige Überstunden an.«

Frank stimmte zu. »Bei uns ist das auch der Fall.«

»Das gilt auch für meine Gruppe«, sagte Ted.

»Ich schlage vor, daß Überstunden nicht gestattet werden, wenn die Arbeit sich nicht auf eine Aktivität des kritischen Pfads bezieht«, sagte David. »Einverstanden?«

»Das ergibt Sinn«, sagte Ted und schüttelte den Kopf. »Ein paar meiner Leute erfüllen die Aufgaben des kritischen Pfads zuerst während ihrer normalen Arbeitszeit und arbeiten abends an den nichtkritischen Aufgaben. Das heißt, bevor wir diese Zeitplanverschiebung hatten.«

»Dasselbe gilt für mich«, fügte Frank hinzu.

»Dann wollen wir Überstunden für alle nichtkritischen Aktivitäten für den Rest des Projekts streichen«, befahl David. »Noch irgendwelche Ideen?«

»Ja, ich habe gesehen, daß wir Leihgeräte herumstehen haben, die nicht eingesetzt werden«, sagte Sally.

Ted schlug mit der Faust auf den Tisch. »Das ist Unsinn!«

»Nein, ist es nicht«, stieß Sally wütend hervor. »Ich habe Laster und Bagger gesehen, die herumstanden und nicht benutzt wurden. Und das nicht nur hin und wieder.«

»Tatsächlich?« fragte David. »Also, auch das muß geändert werden. Wenn eine Maschine nicht gebraucht wird, geht sie zurück an den Verleiher. Diese Kosten addieren sich, besonders wenn sie mehrere Tage hintereinander nicht eingesetzt werden. Gut. Noch mehr Vorschläge.«

»Vielleicht können wir etwas Geld ausgeben, um Geld zu sparen«, sagte Frank.

»Wie bitte?« fragte David.

»Das sage ich meinem Mann schon seit Jahren«, bemerkte Sally.

»Der Ärmste«, sagte Ted.

»Bitte, benehmen Sie sich«, befahl David und schaute Ted und Sally an. »Was ist das für eine Idee, Frank?«

Frank räusperte sich und sagte dann: »Ich schlage vor, daß wir Walkie-talkies, Funktelefone, CB-Radios oder Piepser für einen Teil der Mitarbeiter, die im Gelände arbeiten, mieten, mit Kaufoption leasen oder gleich kaufen.«

»Ein paar meiner Leute verbringen die halbe Zeit damit, ständig zum Bürogebäude zurückzurennen, um Werkzeuge zu holen oder sich Fragen beantworten zu lassen«, fuhr Frank fort. »Mit einem tragbaren Kommunikationsmittel könnten sie einfach anrufen und die Antwort erhalten, ohne hin und her laufen zu müssen. Außerdem kann ihnen dann jemand die gewünschten Werkzeuge bringen. Wir könnten mehr Aufgaben in weniger Zeit erledigen und sogar die Arbeitskosten reduzieren, weil weniger Leute an der Aufgabe arbeiten. Schließlich werden wir unsere Operationen besser durchorganisieren.«

»Eine großartige Idee, Frank. Was halten die anderen davon?« fragte David.

»Viele meiner Leute haben dasselbe Problem«, bemerkte Ted.

»Meinen geht es genauso«, sagte Sally.

»Dann wollen wir den Vorschlag aufnehmen. Geben Sie mir bei der nächsten Lagebesprechung an, was Sie brauchen, und ich werde eine Kostenanalyse durchführen. Wir werden sie im Team überprüfen und entscheiden, was am besten ist. Dann werden wir den Kram kaufen. Ich werde die Bestellung schnell vornehmen, damit wir die Geräte möglichst rasch bekommen«, sagte David. »Noch irgendwelche Ideen? Fragen? Kommentare?«

Alle schüttelten den Kopf.

»Großartig. Wir sehen uns alle wieder beim nächsten Mal«, sagte David, als er sein Material einpackte und das Konferenzzimmer verließ. Obwohl er die Besprechung für erfolgreich hielt, beunruhigte ihn doch ein fortbestehendes Problem. Er wußte, daß er aktiv werden mußte, damit das Projekt nicht doch zu spät und außerhalb des Kostenrahmens enden würde.

34

Konfliktvermeidung bringt erst recht Konflikte

David griff sich das Telefon auf seinem Schreibtisch, um jemanden anzurufen, den er bereits viele Male zuvor gesprochen hatte. »Noah, ich bin's wieder. Ich muß unbedingt mit Ihnen reden.«

Eine unverkennbare Stimme ertönte am anderen Ende. »Es ist sieben Uhr abends. Das ist früher als beim letzten Mal, als Sie mich angerufen haben, aber es ist immer noch...«

»Ich weiß, daß es sieben Uhr abends ist, aber ich habe ein Problem«, beharrte David.

»Haben wir das nicht alle? Okay, wir haben uns schon seit längerer Zeit nicht mehr unterhalten«, sagte Noah.

»Danke«, sagte David. »Diesmal ist es ernst. Die Sache bringt das ganze Projekt in Gefahr.«

»Lassen Sie mich raten. Ihr Zeitplan hat sich verschoben... und zwar ins nächste Jahrzehnt, und Sie wissen...«

»Nein, es handelt sich nicht um eine weitere Zeitplanverschiebung. Und ich glaube auch, daß wir die zu hohen

Ausgaben beim Budget unter Kontrolle bekommen haben«, erklärte David. »Es ist ein anderes Problem, und ich wünschte, daß ich es endlich lösen könnte.«

»Ich weiß, was es ist.«

»Tatsächlich?«

»Natürlich, David. Es ist eine Sache, die die meisten Projektmanager am liebsten ignorieren, was jedoch nur zu Ihrem Nachteil ist.«

»Sie wissen, was es ist? Ich möchte es hören, Noah, einfach nur aus Neugierde.«

»Moral«, stieß Noah hervor. »Sie haben Probleme mit der Moral. Und ich denke, die Hauptschuldigen sind Sally und Ted.«

»Detektiv Noah, Sie haben recht! Wie um alles in der Welt konnten Sie das wissen?«

»Ich habe es erkannt, als ich bei Ihrer ersten Lagebesprechung heimlich zugehört habe.«

David seufzte. »Ich habe versucht, das Problem zu ignorieren, aber es wird immer schlimmer. Unerträglich, wenn ich ehrlich bin. Ihre Streitereien nehmen an Häufigkeit zu, und bei den Besprechungen werden sie immer lauter. Sie beschimpfen sich. Ich weiß, daß es negative Auswirkungen auf das Projekt hat, aber was kann ich tun?«

»Sie haben einen ersten guten Schritt getan. Sie haben erkannt, daß das Problem existiert, und ignorieren es nicht einfach.«

»Okay, ich weiß also, daß das Problem existiert. Und ich will es in Ordnung bringen«, sagte David. »Was muß ich jetzt tun?«

»Bringen Sie es in Ordnung.«

»Das ist der nächste Schritt? Es in Ordnung bringen?« fragte David.

»Viele Projektmanager tun so, als ob es von alleine vergehen wird, David. Sie reagieren, indem sie nichts tun.«

»Und dann?«

»Und dann wird alles nur noch schlimmer. Treten Sie einen Schritt zurück und analysieren Sie die Situation. Auf diese Weise können Sie gegenüber den Dingen, die dort vorgehen, objektiv bleiben.«

»Man tritt einen Schritt zurück und analysiert die Situation?« fragte David. Es vergingen einige Sekunden, bis er weitersprach. »Also, ich weiß, daß Ted etwas sagt und Sally eine negative Bemerkung macht. Vielleicht ist es Sallys Schuld«, sagte David.

»Niemand hat Schuld«, korrigierte ihn Noah. »Wenn man jemandem die Schuld gibt, verschlimmert sich die Spannung nur noch. Sie sollten eine positivere Haltung einnehmen.«

»Sie sagen damit also, daß ich die Ursache für das Problem finden soll, ohne mit dem Finger auf jemanden zu zeigen«, sagte David. »Das ergibt Sinn. Ich erinnere mich, daß Ted am Anfang der Witzbold war, nicht Sally. Sie haben recht. Man kann nicht einfach jemandem die Schuld zuweisen. Die Welt ist nicht schwarzweiß, sondern hat graue Schattierungen. Also, wie sieht der nächste Schritt aus?«

»Ich gebe auf. Sie fragen mich, wie der nächste Schritt aussieht?«

»In Ordnung, ich werde es herausfinden«, erwiderte David. »Ich werde mich mit Ted und Sally einzeln treffen und mir jeweils ihre Seite der Geschichte anhören.«

Noah erklärte: »Es ist von Vorteil, wenn man private Gespräche führt. Man unterhält sich unter vier Augen und wird nicht von außen beeinflußt. Und Sie haben den Vorteil, daß Sie Einsichten gewinnen, während sich eine Nähe entwickelt, die es in der Gruppe nicht gibt.«

»Muß ich noch etwas tun?«

»Ich sage Ihnen, was Sie tun müssen. Halten Sie die Besprechungen ab, rufen Sie mich an. Vielleicht können wir uns treffen, um die Ergebnisse zu diskutieren«, sagte

Noah. »Außerdem haben wir uns schon eine Weile nicht mehr gesehen.«

»Okay, ich werde mit beiden gleich morgen früh ein Gespräch führen. Möchten Sie dabei sein?« fragte David.

»Nein. Sie sind auf sich gestellt, schließlich sind Sie jetzt ein großer Junge.«

David hörte das vertraute Klicken in der Leitung.

Ich wollte ihm nur noch eine Frage stellen, dachte David. Was dieses vierte Geheimnis ist. Schließlich möchte ich doch nur ein wenig Verständnis und etwas Führungstärke. Vielleicht beim nächsten Mal.

35

Raus aus der Einbahnstraße der Kommunikation!

Sally betrat das Konferenzzimmer vor David. Beide setzten sich nebeneinander hin. David hatte sich absichtlich neben sie gesetzt und nicht den Stuhl ihr gegenüber gewählt, um eine feindselige Atmosphäre zu vermeiden. »Sally, ich bin froh, daß wir die Möglichkeit haben, miteinander zu reden.«

»Es muß etwas Wichtiges sein«, bemerkte sie. »Es ist das erste Mal, das dies passiert.«

»Ja, es war das reine Narrenhaus, seit wir mit diesem Projekt begonnen haben.«

»Das können Sie ruhig laut sagen, David. Man hat das Gefühl, daß alles auf dem Kopf steht.«

David zuckte die Achseln. »Ich möchte Ihnen nur sagen, daß ich die gute Arbeit, die Sie und Ihr Team leisten, zu schätzen weiß. Ich glaube, daß sich seit der ersten Woche dieses Projekts keine einzige Aktivität, für die Ihre Leute verantwortlich waren, verzögert hat. Und Sie liegen mit Ihren Ausgaben gut innerhalb des Budgets. Wirklich großartige Arbeit.«

»Danke. Was ist dann der Zweck dieses Treffens?«

David räusperte sich und fuhr fort: »Also, zwischen Ihnen und einem anderen Teammitglied schwelt ein Konflikt, der das gesamte Projekt behindert.«

»Ach?«

»Kommen Sie, Sally, Sie wissen, von wem ich spreche.«

»Ted?«

Er nickte. »Genau, Ted. Es scheint, daß Sie beide bei jeder Besprechung zu streiten beginnen und wie zwei Pitbull-Terrier aufeinander losgehen. Die Besprechungen werden zu einem geistigen Kräftemessen ohne jede Bedeutung. Der Konflikt hebt die Spannung so stark an, daß es bisweilen unmöglich ist, eine sinnvolle Diskussion zu führen. Ich möchte, daß das aufhört.«

»Nun, wenn Sie der Meinung sind, daß ich diejenige bin, die damit anfängt, sollten Sie noch einmal richtig überlegen«, erklärte sie, und ihre Stimme wurde lauter.

»Sally, ich gebe Ihnen nicht die Schuld«, versicherte er. »Ich möchte nur die Ursache des Problems herausfinden, bevor es dem Projekt wirklich schadet. Bitte. Ich brauche Ihre Mithilfe.«

»Die bekommen Sie auch. Sie haben gerade gesagt, daß die Leistung unserer Gruppe großartig ist. Solange wir unsere Arbeit tun, was kümmert Sie da meine Beziehung zu Ted?«

»Weil sie die Leistung des übrigen Teams beeinflußt – darum. Wir sind alle Mitglieder desselben Teams. Wir müssen zusammenarbeiten, wenn wir das Projekt rechtzeitig und zufriedenstellend beenden wollen. Diese Ergebnisse wollen Sie doch erzielen, oder?« fragte David.

»Natürlich, darauf können Sie Gift nehmen.«

»Okay, dann erklären Sie mir, warum Sie und Ted soviel miteinander streiten. Alles in unserem Gespräch unterliegt der strengsten Geheimhaltung«, erklärte er.

Sally setzte sich aufrecht hin und holte tief Luft. »Also,

zuerst einmal macht Ted sexistische Bemerkungen, und das gefällt mir nicht. Ich weiß von anderen Kollegen, daß er der Meinung ist, daß ich diese Stellung nur innehabe, weil ich eine Frau bin. Was ihn noch mehr ärgert, ist die Tatsache, daß ich elf Jahre jünger bin als er.«

»Noch andere Gründe?« fragte David.

»Ja«, fuhr Sally fort. »Er ist der Meinung, daß meiner Gruppe die besseren Geräte zur Verfügung stehen und daß sie die besten Aufträge bei diesem Projekt hat. Es stimmt – wir haben dieselbe Anzahl Leute mit etwa denselben Fähigkeiten, aber er hat der Zuständigkeitsmatrix zugestimmt. Er hätte damals etwas sagen können. Und dann ist da noch eine Sache.«

»Die wäre?«

»Er denkt, daß Sie und ich uns gegen ihn verbündet haben. Das hat er einer Freundin von mir neulich erzählt.«

»Wir verbünden uns gegen ihn?« fragte David. Es war das erste Mal, daß er das hörte. »Das verstehe ich nicht.«

Sie erklärte: »Nun, er war der Meinung, daß man ihn zum Projektmanager hätte ernennen sollen. Und er denkt auch, daß ich ebenfalls Interesse an der Position habe, was nicht stimmt. Ich habe gehört, daß er glaubt, Sie werden aufhören, bevor das Projekt zu Ende geführt ist, und daß die Position dann entweder ihm oder mir übertragen wird.«

David ließ sich in seinem Stuhl zurückfallen. »Ich höre nicht auf, es sei denn, daß man mich darum bittet. Und danach sieht es nicht aus. Was Ersatz für mich angeht – falls es dazu kommen sollte –, gibt es keine Garantie, wer die Position einnehmen würde. Absolut keine. Das bleibt ganz allein meinem Chef überlassen. Diese Geschichte können wir also vergessen. Also, ich möchte Ihnen für Ihre Offenheit in bezug auf diese Meinungsverschiedenheiten zwischen Ihnen und Ted danken. Ich verspreche Ihnen, daß alles, was Sie mir gesagt haben, vertraulich ist, und ich hoffe, daß Sie diese Streitigkeiten beilegen können.« Er sah ihr direkt in die Augen. »Können Sie das?«

»Nun, er muß dazu genauso bereit sein.« David erhob sich, und Sally tat es ihm nach. Beide gingen zum Ausgang.

»Nochmals vielen Dank, daß Sie so offen waren«, sagte er. »Ich weiß, daß ich mich bei der nächsten Lagebesprechung auf Ihre Unterstützung verlassen kann.«

Nachdem Sally weggegangen war, begab David sich in Teds Büro.

Er klopfte an die gläserne Bürotür. »Ted? Haben Sie eine Minute Zeit?«

»Ja, natürlich«, sagte Ted, der seinen Kopf in einem Stapel Unterlagen vergraben hatte. »Ich möchte mit Ihnen über etwas sprechen, das meiner Meinung nach ein sehr ernstes Problem darstellt«, erklärte David und bemerkte, daß Ted weiterarbeitete, ohne aufzuschauen.

»Tatsächlich? Setzen Sie sich doch.« Ted arbeitete weiter an einem Schriftstück.

David begann: »Zuerst möchte ich erwähnen, daß Sie und Ihre Leute wirklich gute Arbeit geleistet haben.«

Ted hielt inne und schaute David an. »Das tun sie immer. Also?«

»Ich meine es ernst.«

»Ja, das tue ich auch. Rücken Sie schon mit der schlechten Nachricht raus, damit ich an dem Projekt weiterarbeiten kann.«

»In Ordnung, Ted«, sagte David und setzte sich so hin, daß er dem Mann direkt ins Gesicht sehen konnte. »Ich werde ganz ehrlich mit Ihnen sein. Haben Sie irgend etwas gegen mich? Wir wollen die Sache offen auf den Tisch bringen.«

Ted lehnte sich einen Augenblick lang zurück und schüttelte den Kopf. »Nein, nein, nein. Ich habe nichts gegen Sie.«

»Warum haben Sie dann diese negative Einstellung?«

Ted zuckte die Achseln. »Negative Einstellung? Wo? Wann?«

»Wie jetzt gerade. Und während der Mitarbeiterbesprechungen. Ehrlich gesagt, Ted, ich bin dessen überdrüssig. Genau wie ein paar andere auch.«

»Also gut«, sagte Ted und nickte. »Hören Sie, ich gebe zu, daß ich nicht gerade angenehm war.«

»Warum?«

»Warum? Also, zum einen wollte ich den Job, den Sie haben.«

Eine direktere Antwort könnte man nicht geben, dachte David. »Ted, ich weiß, daß Sie in der Vergangenheit bereits als Projektmanager gearbeitet haben.«

»Ja.«

»Dadurch haben Sie eine Menge Wissen und Erfahrungen gewonnen, die für uns nützlich sind, damit dieses Projekt erfolgreich verläuft, nicht wahr?« fragte David.

»Ja.«

»Es ist daher sehr wichtig, daß wir Ihre Unterstützung und Kooperation erhalten.«

»Aber meine Leute haben gute Arbeit geleistet. Wir halten die meisten der geplanten Zeitvorgaben ein.«

»Da will ich nicht widersprechen«, versicherte David. »Aber es ist die Art und Weise, wie es getan wird. Zwischen Ihnen und Sally und zwischen Ihren und Sallys Leuten hat sich ein Graben aufgetan.«

»Wirklich?«

»Kommen Sie, Ted. Sie wissen, daß da ein Graben besteht«, sagte David und mußte lächeln. »Und das muß aufhören. 80 Prozent der Aufgaben auf dem kritischen Pfad sind Aufgaben Ihrer Leute, und für etwa die Hälfte ist die Zusammenarbeit mit Sallys Leuten nötig.«

Ted nickte. »Sie haben recht. Es muß aufhören. Aber die andere Seite muß sich ebenfalls bemühen. Man weiß ja, wie Frauen sind. Man kann nicht mit ihnen zusammenleben, aber man kann sie auch nicht erschießen.«

»Einen Augenblick mal, Ted. Gerade solche Kommentare machen den Graben noch breiter. Außerdem bringen derartige Bemerkungen Sally in Rage.«

»Auf diese Weise tritt die Frau in ihr zutage.«

»Ihr Zorn, um ganz genau zu sein. Das muß aufhören. Und zwar jetzt. Geben Sie mir Ihr Wort, daß Sie sich darum bemühen werden?« fragte David und blickte Ted direkt in die Augen.

Ted stieß einen tiefen Seufzer aus. »In Ordnung, ich gebe zu, daß ich sie ein bißchen geärgert habe. Ich werde damit aufhören.«

»Gut«, sagte David und lächelte.

Ted hob den Finger. »Aber wenn sie gleichberechtigt behandelt werden möchte, muß sie auch unter denselben Bedingungen wie meine Leute arbeiten.«

»Was meinen Sie damit?«

Ted erklärte: »Ich meine, daß meine Leute die Möglichkeit erhalten müssen, genauso hochwertiges Gerät wie Sally und ihre Leute zu benutzen. Unsere Ausrüstung ist vom Technischen her überaltert und häufig nicht einmal funktionstüchtig. Das macht meine Leute jedesmal wütend, und ich kann es ihnen nicht verübeln.«

»Ich verstehe. Das habe ich nicht gewußt, aber ich werde mich darum kümmern. Noch irgendwelche Probleme?« fragte David.

»Nichts, was der Rede wert wäre. Hören Sie, ich möchte nicht unvernünftig klingen, aber Sie müssen einsehen, daß ich auch das Recht habe, unsere Ressourcen zu nützen.«

David schloß das Gespräch ab und ermahnte Ted eindringlich: »Ich möchte, daß Sie und Sally ihre Meinungsverschiedenheiten beilegen. Nicht wegen mir, sondern wegen des Projekts. Unser Gespräch ist streng vertraulich. Ich bin nicht daran interessiert, daß andere erfahren, worüber wir geredet haben. Ich habe das Gefühl, daß ich jetzt, da Sie Ihren Gefühlen freien Lauf gelassen haben, besser in der Lage bin, das Team zum Erfolg zu führen.«

»Ich verstehe.«

»Nach diesem Gespräch möchte ich bei der nächsten Lagebesprechung eine Veränderung in Ihrer Einstellung gegenüber dem Projekt und gegenüber Sally sehen. Einverstanden?« fragte David.

»Natürlich.«

»Großartig. Danke, daß Sie mir Ihre Zeit geschenkt haben«, sagte David und streckte Ted die Hand hin. Zum ersten Mal spürte er Teds festen Handschlag. »Machen Sie weiter so. Wir sehen uns bei der nächsten Lagebesprechung.« Dann verließ David Teds Büro.

36

Probleme erkennen und lösen

Ted, Sally, Frank und David saßen um den Konferenztisch herum. David legte eine Kopie der Tagesordnung unter den Overheadprojektor und stellte ihn an. Alle Anwesenden hatten bereits vor der Besprechung eine Kopie erhalten, so daß sie vorbereitet waren.

»Der erste Punkt ist der Zeitplan. Wie Sie sehen können, haben wir Ihren Angaben zufolge die Zeit des kritischen Pfads überschritten. Das bedeutet, daß wir nur noch zwei Monate haben, um unser Ziel zu erreichen«, bemerkte David. »Ted, irgendwelche Kommentare in bezug auf Ihre Aufgaben im Zeitplan?«

Ted antwortete, aber er sprach leise. »Zwei meiner Aktivitäten auf dem kritischen Pfad haben sich verschoben. Ich...«

»Ich muß Sie unterbrechen«, sagte Sally.

O Gott, jetzt geht das schon wieder los, dachte David. »Bitte.«

»Die Verschiebung ist nicht auf einen Fehler zurückzuführen, den Teds Gruppe zu verantworten hat«, sagte Sally.

»Meine Leute haben es verpaßt, Ted die Geräte zur Verfügung zu stellen, als seine Leute sie brauchten.«

Ted lächelte und sagte: »Also, ich würde...«

»Warum? Warum haben Sie das Gerät nicht rechtzeitig zur Verfügung gestellt?« fragte David ziemlich erstaunt.

Sally erklärte: »Also, die beiden Männer, die es benutzt haben, dachten, sie müßten es an die Leihfirma zurückgeben. Erst als sie es bereits zurückgegeben hatten, haben sie den Arbeitsplan durchgesehen und erkannt, daß sie es eigentlich an Teds Leute hätten weitergeben sollen. Tut mir leid, Ted. Es war meine Schuld.«

»Sie... Sie müssen sich nicht entschuldigen, Sally. Aber es wäre schön gewesen, wenn jemand mir oder meinen Leuten Bescheid gesagt hätte«, sagte Ted.

»Meine Leute hatten Angst, daß Sie wütend werden würden. Daher haben sie es wohl einfach vergessen. Ich habe den wahren Grund erst heute morgen erfahren, und ich habe ihnen ordentlich die Meinung gesagt. Ich versichere Ihnen, daß es nicht wieder passieren wird«, sagte Sally und lächelte.

Ted schenkte ihr ebenfalls ein Lächeln. »Klingt ja so, als hätten Sie das Problem unter Kontrolle. Ich weiß, daß ich mich auf Ihre Kooperation verlassen kann«, sagte Ted.

David wollte diesen Augenblick nutzen, also lächelte er ebenfalls und schaute Frank an. »Frank, haben Sie irgendwelche Kommentare zu Ihren Aufgaben? Sieht aus, als ob sich bei Ihnen ein paar Aufgaben verschoben haben, von denen zwei auf dem kritischen Pfad liegen.«

Frank wirkte mürrisch, als er antwortete: »Wir hatten einige Probleme mit Mitarbeitern. Zwei Leute haben mit einer Frist von zwei Wochen gekündigt, nachdem sie woanders eine Stelle gefunden haben. Wissen Sie, die Leute werden nervös, je mehr wir uns dem Fertigstellungstermin des Projekts nähern. Die meisten haben Angst, daß sie dann arbeitslos werden. Sie bezweifeln, daß das Angebot der Yuggenheims, sie in einem ihrer anderen Unternehmen einzustellen, echt ist.«

»Das habe ich schon befürchtet«, bemerkte David. »Sally, haben Sie irgendwelche Kommentare zur Lage Ihrer Akvititäten?«

»Ich habe dasselbe Problem wie Frank. Die Leute werden nervös. Obwohl in meiner Gruppe noch niemand gekündigt hat, weiß ich, daß einer eine andere Stelle sucht«, erklärte Sally. »Wissen Sie, die Hälfte meiner Leute arbeitet an Aktivitäten des kritischen Pfads. Ich glaube, ich muß Aushilfskräfte einstellen, um den noch verbleibenden Teil meiner Aufgaben bei diesem Projekt fertigzustellen.«

»Ich kann bei der Lösung dieses Problems helfen«, sagte Ted.

David drehte sich zu ihm um. »Wie denn, Ted?«

»Ich kann einige meiner Leute an Frank und Sally ausleihen. Viele meiner Aufgaben werden in ein paar Tage fertig sein. Ich möchte nicht, daß ein paar Leute untätig herumsitzen und Gerüchte verbreiten, etwa, daß die Yuggenheims ihr Versprechen, andere Stellen in ihren Firmen bereitzustellen, nicht einhalten wollen. Diese Leute sind aktiv und wollen produktiv sein. Sie erinnern sich sicher an Sattlingers Gesetz: Es funktioniert besser, wenn Sie das Gerät anschließen. Und wenn man ihnen keine Arbeit gibt, kann sich die Moral genau wie die Produktivität verschlechtern«, sagte Ted.

»Großartig«, bemerkte Frank mit einem Grinsen auf dem Gesicht. »Ich brauche sechs Leute für fünf Tage innerhalb der nächsten drei Tage.«

»Ich kann Ihnen zwei geben«, sagte Ted.

»Ich kann Ihnen einen geben«, fügte Sally hinzu.

»Aber das sind erst drei Leute. Ich brauche noch drei. Ich werde ein paar Aushilfskräfte einstellen müssen, aber die werden mehr kosten, besonders jetzt, wo ich sie so kurzfristig brauche«, bemerkte Frank.

»Einen Augenblick mal«, sagte David und hob die rechte Hand. »Normalerweise klingt das wie eine logische Lösung, aber es gibt da noch ein Problem, das wir noch nicht in Betracht gezogen haben.«

»Tatsächlich?« fragte Sally.

»Wirklich?« sagte Ted.

»Was ist es denn?« meldete sich auch Frank.

David hustete leicht. »Neben unserer Zeitplanverschiebung haben wir unser Budget überschritten. Wie Sie in diesem Budgetbericht sehen können, werden wir 27 Prozent über der ursprünglichen Schätzung liegen, um das Projekt zu vollenden. Weitere zusätzliche Kosten könnten eine Katastrophe bedeuten. Wir werden fertig, aber wir werden unser Ziel nicht erreichen.«

»Klingt wie der Zustand der Nation – eine Kombination aus Inflation und Rezession«, sagte Frank.

»Es ist eher wie die Wahl zwischen Gewehren und Butter. Ich weiß nicht, was wir tun können«, erklärte David und vergrub sein Gesicht in seinen Händen, bevor er alle anschaute. »Ich habe absolut keine Idee, wie wir diese Situation umschwenken können. Ich habe die Notfallpläne überprüft, die wir aufgestellt haben, aber diese Situation haben wir nicht berücksichtigt. Lassen Sie uns fünf Minuten lang Pause machen und das Ganze überdenken. Und wenn wir zurückkommen, werden wir diese Besprechung abschließen.«

David verließ das Konferenzzimmer und ging in sein Büro, wo er nach dem Telefon auf seinem Schreibtisch griff. »Hallo, Noah. Ich muß Sie sofort sehen. Ein großes Durcheinander.«

»Nein, ich habe kein Durcheinander. Ich versuche, meine Wohnung sauber zu halten«, sagte Noah lachend.

»Im Ernst, ich habe ein Riesenproblem. Hören Sie auf, mich zu necken«, sagte David.

»Sie meinen, Sie wollen mich in eine weitere Schwierigkeit mit hineinziehen?«

»Ja, noch eine«, gab David zu. »Kann ich Sie in 15 Minuten an unserem normalen Treffpunkt sehen? Bitte.«

»Ich schau mal eben in meinen Terminkalender.« Es vergingen ein paar Sekunden. »Okay, in 15 Minuten.«

»Großartig, bis dann«, sagte David, legte auf und eilte zurück in das Konferenzzimmer.

»Es ist etwas dazwischengekommen. Ich muß los. Wir kommen morgen früh um acht Uhr wieder zu dieser Besprechung zusammen. Bereitet das irgend jemandem Schwierigkeiten?«

Alle schüttelten den Kopf.

»Was sollen wir in der Zwischenzeit machen? Business as usual?« fragte Ted.

»Ja?« fragte Sally.

»Sollen wir mehr Zeit verlieren und Geld verschwenden?« fragte Frank.

»Nein, natürlich nicht«, sagte David und seufzte. »Die drei Leute, die Ihnen zur Verfügung gestellt werden, genügen für den Anfang. Ziehen Sie auch die Anstellung von Aushilfskräften in Betracht, aber nur als letzte Maßnahme. Wir haben noch acht Wochen, um dieses Projekt zu beenden, und ich habe das Gefühl, daß es uns innerhalb unseres Zeitplans und Budgets gelingen wird. Vielleicht fällt Ihnen ja noch etwas ein. Bis morgen wollen wir die Ruhe bewahren. Bis dann also.«

Dann eilte David aus dem Konferenzzimmer.

37

Kreativ aus dem Tief

Noah saß auf einer Bank. David ließ sich neben ihm nieder und bemerkte, daß der alte Mann stärker daran interessiert schien, die Tauben zu füttern und seine Pfeife zu rauchen, als an dieser Besprechung. »Noah, ich bin wirklich froh, daß Sie es einrichten konnten zu kommen.«

Noah löste sich aus seiner Trance. »Ach, Sie sind es. Es gibt also einen Notfall?«

David stieß ein nervöses Lachen aus. »Das können Sie laut sagen. Eine Katastrophe. Ich habe da wirklich ein Problem.«

»Geht es uns nicht allen so? Wie kann ich Ihnen helfen?«

»Ich brauche einige Ideen«, sagte David. »Alle Ihre Ideen bisher waren großartig. Und jetzt brauche ich wieder eine dieser großartigen Ideen.«

»Sie haben selbst viele Ideen gehabt, sie stammten nicht alle von mir.«

»In Ordnung, ich werde es nicht abstreiten, daß die meisten Ideen auf meinem Mist gewachsen sind. Aber Sie haben mir geholfen, sie zu entwickeln. Das meinte ich damit«, sagte David.

»Wo liegt also Ihr Problem?« Noah hörte auf, die Tauben zu füttern, und zog an seiner Pfeife.

»Also, das Problem besteht darin, daß ich von einem zweischneidigen Schwert bedroht werde«, erklärte David.

»Ich wußte schon immer, daß Sie ein kluger Bursche sind.«

»Aber es ist an beiden Enden spitz! Ich habe eine Zeitplanverschiebung und eine Budgetüberziehung«, fügte David hinzu. »Was kann ich tun?«

»Sie hatten auch ein Kommunikationsproblem. Wie steht es damit?«

»Ich glaube, ich habe das Problem zwischen Ted und Sally effektiv gelöst. Sie scheinen sich beide zu bemühen, ihre Meinungsverschiedenheiten auszuräumen. Das wird in der Zukunft helfen. Unglücklicherweise hat ihre Kabbelei zu dieser schwierigen Situation beigetragen«, sagte David.

Noah strich sich über den langen, grauen Bart, während er seine Pfeife rauchte. »Haben Sie sich mit ihnen getroffen, um das Problem zu diskutieren?«

»Genau«, erwiderte David. »Ich habe mich mit beiden einzeln getroffen. Es scheint, daß es da auf allen Seiten einige Mißverständnisse gegeben hatte. Tatsächlich war die Lagebesprechung, die wir heute abgehalten haben, die ruhigste bisher.«

»Gut. Haben Sie beim Brainstorming alternative Lösungen für dieses neue Problem gefunden?«

»Ja, wir haben ein paar Ideen gehabt, um dieses Problem zu überwinden, und wir haben eine Teillösung gefunden.«

»Keine ganze Lösung?«

»Genau«, antwortete David mit rotem Gesicht. »Sie ist nicht vollständig. Wir können Arbeitsressourcen miteinander teilen. Ich denke, man könnte es als Versuch der Ressourcenglättung bezeichnen.«

»Das ist nett. Aber es hört sich an, als ob es sich um eine kurzfristige Lösung handelt.«

»Ich weiß, daß es eine kurzfristige Lösung ist. Doch Sie müssen es mir anrechnen, daß ich in der Vergangenheit einige schwierige Probleme gehandhabt habe, und zwar gut«, sagte David.

»Also wirklich«, unterbrach ihn Noah. »Es ist überhaupt nicht nötig, in die Defensive zu gehen.«

»Aber wir wissen alle nicht, was wir als nächstes tun können. Es scheint, daß es bei jeder Lösung, die wir anstreben, zu einem Kompromiß kommt«, erklärte David und warf verzweifelt die Arme in die Luft.

Noah rückte seine Mütze zurecht und zog lang an seiner Pfeife. »Kennen Sie den Begriff EMINK?«

»EMINK? Was um alles in der Welt ist denn das?« fragte David.

»Es ist ein Akronym und steht für ›Ein Mittagessen ist nie kostenlos‹. Verstehen Sie?«

David holte tief Luft. »Langsam verstehe ich, was Sie meinen. Es gibt nie etwas umsonst. Das bedeutet, daß wir kurzfristig etwas opfern müssen, um langfristig zu gewinnen.«

»Diese Welt ist voller Kompromisse. Mao Tse-tung hat es sehr schön zusammengefaßt.«

»Was hat der Vorsitzende Mao gesagt?« fragte David.

»Mao hat gesagt, daß man manchmal zwei Schritte zurückgehen muß, um drei Schritte vorwärts gehen zu können.«

»Okay, das bedeutet also, daß ich irgendeinen Kompromißentschluß fassen muß. Also, meine Leiter und ich werden etwas ausknobeln«, sagte David. »Es sei denn, daß Sie uns bereits jetzt eine Antwort geben wollen?«

»Sie und Ihre Leiter werden es schon schaffen. Sie werden sicher da ankommen, wo Sie hinwollen.«

»Ich verstehe, was Sie meinen. Sie wollen, daß ich es selbst herausfinde. Okay, das akzeptiere ich. Sie haben mir bereits einen Anhaltspunkt gegeben.«

»Dann müssen Sie jetzt Sherlock Holmes spielen«, unterbrach ihn Noah.

»Also...« sagte David und fuhr sich mit den Fingern durchs Haar. »Ich kann den Einsatz unnötiger Ressourcen eliminieren, speziell bei den nichtkritischen Aufgaben. Das ist eine Möglichkeit, Kosten zu reduzieren.«

»Und?«

»Ich kann den kritischen Aufgaben preiswertere Ressourcen von nichtkritischen Aktivitäten neu zuordnen. Das ist eine Möglichkeit, Kosten zu reduzieren. Dann kann ich die teureren aufgeben.«

»Denken Sie an EMINK«, warnte ihn Noah.

»Ja, ich muß einfach darauf achten, daß wir mit diesen nichtkritischen Ressourcen die kritischen Aufgaben vollenden können. Was noch?«

»Ich stelle hier die Fragen«, bemerkte Noah und lachte.

»Ich werde mir den Zeitplan ansehen und, wenn möglich, neu anpassen. Ich nehme an, daß die Ausführungsdauer reduziert wird, wenn ich die Logik etwas verändere, was vielleicht sogar dazu führt, daß weniger Ressourcen gebraucht werden. Auf diese Weise würden Zeitplan und Budget miteinander im Einklang sein.«

»Und?«

»Ich hab's!« rief David. »Ich werde unsere Arbeitsprozesse analysieren und schnellere, effektivere Möglichkeiten festlegen, um dieses Projekt zu leiten. Vielleicht gibt es in einigen wenigen Bereichen einige überflüssige Aktivitäten, die eliminiert werden können. Und wir werden die Leute, die zur Zeit an nichtkritischen Aufgaben arbeiten, umgruppieren. Noah, ich könnte Sie küssen.«

»Halten Sie sich zurück, mein Freund«, warnte Noah ihn, streckte die Arme aus und wich zurück.

»Ich mach' nur Spaß. Aber ich würde gerne etwas wissen – das sind Sie mir schuldig«, sagte David.

»Genau wie Sie mir nichts schuldig sind, bin ich Ihnen auch nichts schuldig«, erklärte Noah. Dann steckte er die rechte Hand in die Uhrentasche seiner Jeans, zog eine alte Taschenuhr mit fremder Schrift heraus, schaute auf das Zifferblatt und steckte die Uhr wieder weg. »Sie müssen sich nicht verpflichtet fühlen. Sie tun etwas für jemanden, weil Sie es tun wollen.«

»Okay. Möchten Sie mir jetzt das vierte Geheimnis verraten?« fragte David.

»Wie kann ich Ihnen etwas verraten, das Sie bereits wissen?«

»Was meinen Sie damit, ich weiß es bereits? Noah, ich würde Sie doch nicht fragen, wenn ich es schon wüßte. Was ist es?«

»Nachträgliche Einsicht bringt immer eine bessere Sicht.«

David wurde ungeduldig. Fast überkam ihn der merkwürdige Drang, seine Hände um Noahs Hals zu legen und die Antwort aus dem Mann herauszupressen. »Ich kann nicht warten, bis das Projekt vorbei ist. Ich muß jetzt aktiv werden. Ich muß agieren, nicht erst auf die Situation reagieren. Ich muß die Motivation meiner Leute erhalten, ich muß sie anleiten. Sie brauchen meine Unterstützung, verdammt noch mal, statt daß ich mich einmische und ihnen sage, wie sie ihre Aufgaben erledigen müssen.«

»Ich bin sehr froh und stolz auf Sie. Auch wenn Sie mich wahrscheinlich am liebsten erwürgen würden.«

Davids Gesicht lief rot an, weil er solch schlechte Gedanken hatte. »Stolz auf mich? Worauf? Ich hatte doch nichts als Probleme.«

»Aber wir haben alle Probleme. Dadurch, wie wir mit ihnen umgehen, unterscheiden sich Männer von Jungen.« Noah blies ein paar Rauchringe aus.

»In Ordnung, ich gebe zu, daß jedes Projekt Probleme mit sich bringt«, sagte David und nickte. »Und dieses Projekt scheint seinen Anteil an Problemen zu haben. Bis zu diesem Zeitpunkt ist es uns gelungen, sie alle zu lösen.«

»Uns?« fragte Noah und stieß keinen Rauch mehr aus. »Uns?«

»Mit ›uns‹ meine ich mich und mein Team.«

»Ich bin sehr stolz auf Sie.«

»Nun, ich sehe, daß ich hier nicht weiterkomme. Mein Projekt zerfällt, und Sie sagen mir, daß Sie stolz auf mich sind«, sagte David, als er sich erhob.

»Perspektive. Sie müssen die richtige Perspektive bewahren. Und unvoreingenommen bleiben. Bleiben Sie objektiv, werden Sie nicht emotional. Es hilft, wenn man das Gesamtbild begreift«, erklärte Noah und begann wieder, die Tauben zu füttern.

»Sie können sich darauf verlassen, daß ich mich auf das Gesamtbild konzentriere. Guten Tag!« sagte David und eilte davon.

38

Die Lösungen liegen näher, als man denkt

»Ich glaube, es gibt einige Lösungen für unsere Probleme wegen der Zeitplanverschiebung und dem Überschreiten des Budgets«, sagte David, als er sich in seinem Stuhl zurücklehnte. Er spürte, wie Ted, Sally und Frank, die um den Konferenztisch saßen, ihn verblüfft anstarrten.

»Tatsächlich?« fragte Ted.

»Wie sehen die Lösungen aus?« fragte Sally.

»Ja, was für Lösungen sind das?« fragte Frank.

»So wie ich es sehe, haben wir mehrere Alternativen, und vielleicht gibt es noch andere. Melden Sie sich also ruhig, wenn Ihnen auch welche einfallen.«

»Weiter«, sagte Ted.

»Wir können unnötige Ressourcen eliminieren«, erklärte David.

»Was denn zum Beispiel?« fragte Frank.

»Ted, haben Sie Gabelstapler, die Sie gemietet haben, aber nicht benutzen?« fragte David.

»Ja, da stehen ein paar Gabelstapler herum, für die wir

zahlen, die wir jedoch nicht einsetzen. Mmh«, sagte Ted und strich sich übers Kinn. »Ich werde unsere Verträge mit der Leihfirma überprüfen. Ich bin mir ziemlich sicher, daß wir diese Verträge aufheben können, ohne daß eine Strafe fällig wird. Wir haben die Fahrzeuge tageweise gemietet.«

»Gut.« Jetzt wandte David sich an Sally. »Wie sieht es in Ihrer Abteilung aus?«

»Wir haben ein paar Leiharbeitskräfte, aber...«

»Aber was, Sally?« fragte David eindringlich.

»Also... vielleicht werden wir sie irgendwann in der Zukunft einmal brauchen.«

»Läßt der Zeitplan darauf schließen?« fragte David, als er auf den Netzplan schaute, der an der Wand hing.

»Eigentlich nicht. Wahrscheinlich kann ich sie entlassen. Es ist eben einfach nur schwer, gute, verläßliche Leiharbeitskräfte zu bekommen, die einem zur Verfügung stehen, wenn man sie braucht.«

»EMINK«, stieß David hervor.

»Wie bitte?« sagten die anderen wie aus einem Munde.

»EMINK«, wiederholte David. »Das ist ein Akronym und bedeutet ›Ein Mittagsessen ist nie kostenlos‹. Das habe ich gesagt, weil wir uns von ihnen trennen müssen, um die Kosten zu reduzieren. Aber es gibt auch noch ein paar andere Alternativen.«

»Wie sehen die aus?« fragte Ted.

»Wir können den Zeitplan neu anpassen«, sagte David. »Hat irgend jemand dazu eine Idee?«

Es folgte ein kurzes Schweigen, bevor es zu einem Energieausbruch kam.

»Also«, sagte Ted und schnalzte mit den Fingern, »könnten wir nicht den Abriß der Kioske zur selben Zeit bewerkstelligen wie den Abriß der Affenkäfige? Das würde die Dauer für das Gesamtprojekt beträchtlich reduzieren.«

David betrachtete das Histogramm an der Wand. »Dabei müßten die Leute nicht sehr viel mehr arbeiten, als sie es zur Zeit schon tun.« Er schaute Frank und Sally an.

»Keine schlechte Idee«, bemerkte Sally. »Die Zeit, die meine Leute aufbringen müßten, um diese Aufgaben gleichzeitig durchzuführen, würde leicht anwachsen – von etwa vier auf fünf Stunden pro Tag.«

»Dieser Meinung bin ich auch«, erklärte Frank. »Das würde es meinen Leuten auch gestatten, sich auf andere kritische Aufgaben zu konzentrieren.«

»Großartig«, sagte David. »Jetzt gibt es noch eine weitere Möglichkeit, Kosten zu reduzieren und wieder richtig im Zeitplan zu liegen, doch im Augenblick fällt es mir einfach nicht ein.«

»Hatte es irgend etwas mit der Automatisierung zu tun?« fragte Ted.

»Nein«, erwiderte David.

»Mit der Reduzierung unserer Arbeitslast?« fragte Frank.

David schüttelte den Kopf.

»Geht es darum, anders zu arbeiten?« meldete sich Sally.

»Das ist es«, sagte David und schlug mit der Faust auf den Tisch. »Wir müssen uns damit befassen, wie wir arbeiten.«

»Sie meinen, wir müssen klüger arbeiten, nicht schwerer«, rief Frank.

»Genau«, sagte David. »Irgendwelche Vorschläge?«

Es wurde wieder still im Raum.

»Wir erledigen zu viele Schreibarbeiten«, stieß Ted hervor.

»Was meinen Sie damit?« fragte David.

»Nun, Sally füllt die Fertigstellungsformulare aus. Ich fülle einen Satz aus, genau wie Frank auch. Dann stellen Sie sie zusammen. Vielleicht können wir die Arbeit minimieren. Ich brauche einen halben Tag, um diese verdammten Formulare auszufüllen.«

»Bei mir ist es sogar ein ganzer Tag«, sagte Sally. »Und dabei helfen mir noch zwei Leute.«

»Das trifft auch für mich zu«, bemerkte Frank.

»Okay. Noch Vorschläge?« fragte David.

»Lassen Sie uns jemanden von einer nichtkritischen Aktivität abziehen, damit er diese Arbeit erledigen kann. Auf diese Weise können wir uns auf die Arbeit konzentrieren und binden nicht mehr Leute als nötig«, schlug Ted vor.

»Genau«, sagte Sally.

»Ich stimme ebenfalls zu«, erklärte Frank.

»Das hört sich gut an. Ich werde die Einzelheiten später mit Ihnen festlegen. Noch irgendwelche Ideen?«

»Nein, ich habe keine mehr«, sagte Sally.

»Ich auch nicht«, bemerkte Frank.

»Dasselbe gilt für mich«, erklärte Ted.

»Dann wollen wir uns ins Zeug legen, Leute«, sagte David und erhob sich. »An die Arbeit.«

39

Das Geheimnis ist bekannt

»Noah, Sie sollten mal sehen, was passiert!« sagte David aufgeregt am Telefon.

»Was sollte ich sehen?«

»Das Wunder, das hier geschieht. Ich kann es selbst nicht glauben. Es funktioniert alles. Alles, was Sie mir gesagt haben.«

»Dann haben Sie alle vier Geheimnisse des praktischen Projektmanagements gemeistert.«

»Aber ich kenne nur drei von ihnen. Sagen Sie mir, was das vierte Geheimnis ist. Dieses Projekt läuft sehr erfolgreich.«

»Sie kennen es bereits, aber Sie erkennen es nicht.«

»Verdammt, Noah. Ziehen Sie mich nicht immer auf. Wie soll ich wissen, ob ich es nicht völlig übersehen habe?« fragte David, als er spürte, wie ihm die Angst den Rücken hinaufkroch. »Erfolg oder Versagen könnte davon abhängen.«

Noah hustete leicht, und seine Stimme wurde leiser. »Sie haben recht. Ohne das vierte Geheimnis wird alles andere scheitern und nichts bedeuten.«

»Dann sagen Sie es mir.«

»Wissen Sie was? Wir treffen uns in 30 Minuten in Ihrem Büro, und dann werden wir feststellen, ob Sie das vierte Geheimnis kennen.«

»Einverstanden. Werden Sie es mir dann verraten?« fragte David, doch die einzige Antwort war das vertraute Klicken am anderen Ende der Telefonleitung.

Im Flur tauchte ein Schatten auf und mit ihm das süßliche Aroma von Pfeifenrauch.

»Noah, es ist gut... nein, großartig... Sie zu sehen. Verraten Sie mir das vierte Geheimnis«, sagte David und eilte auf die offene Tür zu.

»Geduld, mein Junge. Sie haben es hier mit einem Senioren zu tun.«

»Tut mir leid.«

»Nicht so sehr wie mir. Bringen Sie mich auf den neuesten Stand, ich habe schließlich nicht den ganzen Tag lang Zeit«, erklärte Noah.

»Dann wollen wir gleich ins Konferenzzimmer gehen«, sagte David und ging vor.

Sie betraten den Konferenzraum, wo Noah sich setzte, während David stehenblieb und weiterredete.

»Wie Sie wissen, halten wir alle unsere Besprechungen im Konferenzzimmer ab. Wir überprüfen den Zeitplan und das Budget, um die Einhaltung zu gewährleisten. Alle müssen wissen, was sie wann und wo tun sollen. Wir konzentrieren uns auf den kritischen Pfad, und alle machen Vorschläge, um die Leistung zu verbessern, wenn sich auf dem kritischen Pfad irgend etwas verschiebt.«

»Wie kommen Sally und Ted jetzt miteinander aus?« fragte Noah.

»Großartig. Sie scheinen ihre Meinungsverschiedenheiten vergessen zu haben und konzentrieren sich auf unsere Ziele.«

Ein Lächeln huschte über Noahs Gesicht, ein Lächeln

wie bei einem stolzen Vater, nachdem sein Kind eine Sache zum erstenmal erfolgreich durchgeführt hat.

»Hören Sie mir überhaupt zu, Noah?« fragte David.

»Ja, genau wie Sie zugehört haben, mein Freund.«

»Wie bitte? Egal, wir sind jetzt fast am Ende angelangt. Ich bin im Zoo herumgelaufen, um die Rückmeldungen, die ich von den Teammitgliedern erhalte, zu überprüfen. Ich will sichergehen, daß sich alle entsprechend unseren Plänen in die richtige Richtung bewegen.«

»Wenn Sie so weitermachen, werde ich Sie möglicherweise noch als Sohn adoptieren.«

»Sind Sie soweit einverstanden?«

Noah erhob sich wieder. »Ich könnte nicht mehr verlangen, mein Freund.«

»Da ist noch mehr«, fügte David hinzu. »Ich achte darauf, daß die Kommunikation auf der Befehlskette in beide Richtungen verläuft. Damit sozusagen die rechte Hand weiß, was die linke tut. Alle müssen die Situation einschätzen.«

»Genug des Herumgeredes. Zeigen Sie es mir.«

»Okay, folgen Sie mir«, forderte David den alten Mann auf, und genau das tat Noah, während sich ein noch breiteres Grinsen über sein Gesicht zog.

Draußen beobachteten der junge Manager und Noah die Nilpferde, die aus ihrem künstlichen See in einen Käfigwagen getrieben wurden.

David schaute auf die Uhr. »Genau nach Plan.«

»Das ruft Erinnerungen wach«, sagte Noah. »Ist das alles?«

»Machen Sie Witze, Noah? Dieser Vorgang läuft gleichzeitig überall im Zoo ab. Schauen Sie mal dort hinüber.«

Noah drehte sich um.

»Das sind Ted und Sally. Erinnern Sie sich an sie?«

Noah nickte, als Ted und Sally gemeinsam auf sie zukamen.

»Wer hat diesen verrückten alten Burschen hier hereingelassen?« fragte Ted.

»Dies ist ein Freund von mir«, erklärte David. »Er heißt...«

»Hören Sie mal, Sie Gernegroß«, erwiderte Noah. »Wenn ich hier etwas zu sagen hätte...«

»Bitte hören Sie auf damit, alle beide«, sagte David. »Worum geht's?«

Noah stand mit verschränkten Armen da und hörte zu, starrte Ted jedoch wütend an.

»Wir müssen ein Problem lösen«, sagte Sally. »Die Elefanten müssen zusammengetrieben werden, aber wir haben nicht genug Waggons für ihren Transport. Wir könnten den Transport der Giraffen verschieben und ihren Waggon verwenden, aber das würde zu einer Zeitverschiebung führen.«

»Ich verstehe«, sagte David und strich sich mit der rechten Hand übers Kinn. »Haben Sie beide irgendeine Idee?«

»Also, ja...« sagte Ted.

»Wir haben sie diskutiert, aber wir haben uns noch für keine entschieden, weil Sie der Projektleiter sind«, erklärte Sally.

»Und wenn ich nicht da wäre, um die Entscheidung zu treffen, was würden Sie dann tun?« fragte David und warf Noah einen Blick zu.

Noah senkte die Arme und sein finsterer Blick verwandelte sich in ein breites Grinsen.

»Wir müßten es selbst lösen«, bemerkte Ted.

»Dann tun Sie das bitte«, befahl David. »Und lassen Sie mich wissen, wie Sie sich entschieden haben. Ich werde Ihnen auf jede erdenkliche Art helfen.«

Ted und Sally gingen wieder und diskutierten miteinander, welches wohl die beste Lösung ihres Problems wäre.

»Ich mag ihn nicht«, stieß Noah hervor.

»Niemand mag ihn, aber das darf mich bei der Durchführung des Projekts nicht stören«, erklärte David. »Teamwork ist von allergrößter Bedeutung, und ich muß darauf achten, daß es wirklich dazu kommt.«

»Also, das ist Ihnen wirklich gelungen«, bemerkte Noah. »Ich freue mich besonders darüber, wie Sie die beiden zu Entschlußkraft und Zusammenarbeit ermutigen. Ich hätte es selbst nicht besser machen können, Teamwork zwischen zwei so schwierigen Persönlichkeiten zu fördern.«

»Okay, Noah«, sagte David und blickte seinem Mentor direkt in die Augen. »Verraten Sie mir das vierte Geheimnis. Ich muß es wissen.«

»Ich muß es Ihnen nicht verraten«, erklärte Noah, drehte sich um und machte sich auf den Weg.

»Noah, bitte spielen Sie keine Spielchen mit mir. Sie haben es versprochen.«

»Ich habe es Ihnen bereits verraten, und Sie haben es mir bewiesen«, erklärte Noah.

»Tatsächlich? Ich habe es Ihnen gezeigt?« fragte David und streckte die Arme aus.

»Es kam zu Ihnen wie ein Flüstern in der Nacht, und es wird von allen hier laut herausgerufen. Ich muß gehen, junger Freund.«

Er hörte, wie Ted und Sally riefen, daß sie eine Entscheidung getroffen hätten und daß er nicht weggehen solle. David drehte sich kurz um, um zu sehen, aus welcher Richtung sie kamen, bevor er sich wieder zu Noah umwandte.

Doch Noah war bereits verschwunden.

40

Die Führungskraft muß ein Team bilden und motivieren

Eine Band spielte Jazzmusik im Hintergrund. Mehrere Tischreihen waren mit dekorativen Tellern und Eiskübeln, in denen Champagnerflaschen steckten, geschmückt. An allen Tischen saßen Angestellte des Zoos. Ein langer Tisch, der durch ein Podium in zwei Hälften unterteilt wurde, stand diesen Tischen gegenüber. David saß zusammen mit Harrison, Ted, Sally und Frank an einer Seite, während die Yuggenheim-Familie am anderen Ende saß.

Craig Yuggenheim hielt gerade seine Glückwunschrede. »... und außerdem, meine Damen und Herren, denke ich, daß dieses Projekt nicht unterhalb der Budgetgrenze gelegen und innerhalb des Zeitplans und mit so wenig Schwierigkeiten abgeschlossen worden wäre, wenn wir nicht einen herausragenden Mitarbeiter, David Michaels, gehabt hätten. Wir wollen ihm ganz herzlich applaudieren.«

David erhob sich und trat ans Podium. »Danke, ich danke Ihnen allen. Wissen Sie, es ist schön, ein Projekt mit so angenehmen Resultaten abzuschließen. Die Tiere hier wurden in andere gute Tiergärten geschickt. Nicht ein einziges Tier ist gestorben oder durch das Trauma des Umzugs erkrankt. Die Habeas Corporation hat sich bereits an die Arbeit gemacht und hat begonnen, auf dem Zoogelände zu bauen. Jeder einzelne von uns hat eine neue und besser bezahlte Stellung in einer der vielen erfolgreichen Firmen der Familie Yuggenheim erhalten...«

»Vergessen Sie nicht, daß es ohne meine Kooperation nicht dazu gekommen wäre«, stieß Ted aus.

»Halten Sie den Mund, Ted, und lassen Sie ihn seine Rede beenden«, sagte Sally.

»Ja, ich bin ganz Ihrer Meinung, Sally«, meldete Frank sich.

Ted reagierte sofort. »Hören Sie, Süße...«

David setzte seine Rede fort. »Wie ich bereits gesagt habe, hat sich dieses Projekt für uns alle positiv ausgewirkt. Ich weiß, daß Teds Kooperation sehr wichtig war...«

»Ach, wirklich?« rief Sally und starrte ihn wütend an.

»... aber das trifft auch auf alle anderen Beteiligten zu. Und diese Zusammenarbeit war von wesentlicher Bedeutung, als wir gegen Ende des Projekts von einem zweischneidigen Schwert bedroht wurden. Übersetzt heißt das, daß wir dem Zeitplan hinterherhinkten und unser Budget überzogen hatten. Dennoch konnten wir es schaffen...« David hustete mehrmals, um sich zu räuspern. »... was der Führungskraft von Harrison Farnsworth zu verdanken ist.« Aus der Zuschauermenge ertönte leiser Applaus. Harrison erhob sich, verbeugte sich und setzte sich wieder.

»Meine Damen und Herren, wenn wir uns nicht darauf konzentriert hätten, zuerst den Zeitplan und dann das Budget zu erfüllen, würden wir noch heute an dem Projekt arbeiten. Aber ohne Ihre Zusammenarbeit...« Während David weiterredete, bemerkte er, daß Noah weit hinten in dem Ballsaal am Eingang stand. David lächelte. »... und die Bereitwilligkeit, Ihr Wissen mit anderen zu teilen, wäre dieses Projekt niemals rechtzeitig und innerhalb der Budgetgrenzen und mit einem Qualitätsniveau, auf das wir alle stolz sein können, abgeschlossen worden.« Aus dem Ballsaal ertönte lauter Applaus.

»Zum Abschluß möchte ich drei... nein, vier... Geheimnisse mit Ihnen teilen. Diese vier Geheimnisse sind so fundamental, daß wir sie manchmal als gegeben hinnehmen und sie nicht einsetzen.

Das erste Geheimnis ist die Planung. Jedes Projekt braucht einen Spielplan, aus dem hervorgeht, wie vorgegangen werden muß. Wir müssen unser Ziel kennen, die Schritte, die nötig sind, um es zu erreichen, die Reihenfolge, in der diese Schritte ablaufen, und den Zeitpunkt, wann diese Schritte abgeschlossen sein müssen.

Das zweite Geheimnis ist die Organisation. Einfach ausgedrückt, geht es dabei um den Aufbau und die Ausführung einer Struktur, die die Kommunikation erleichtert, eine Aufgabe, die gar nicht so leicht zu meistern ist. Sie wissen schon – die Identifizierung der Formen, die eingesetzt werden, und die Beziehungen bei der Berichterstattung. Ja, sogar, welche Art von Besprechungen abgehalten werden.

Das dritte Geheimnis ist die Kontrolle. Man muß sichergehen, daß das Projekt nach Plan gemanagt wird und daß die Organisationsversuche Realität werden. Anders ausgedrückt – Planung und Organisation erhalten eine Bedeutung und sind faßbar, es sind nicht einfach nur Dinge, die man auf ein Blatt Papier kritzelt und dann wieder vergißt.«

Jetzt schaute David Noah, der im Eingang stand, direkt an. »Aber es gibt da noch ein Geheimnis, das vierte Geheimnis. Ein weiteres Geheimnis, das ich kannte, ohne daß es mir bewußt war. Es handelt sich um Führungsqualität. Ja, genau, Führungsqualität. Ohne Führungsqualität wären Planung, Organisation und Kontrolle nicht möglich.«

David schaute Harrison, Ted, Sally und Frank an. »Und

Führungsstärke kommt nicht nur vom Projektmanager. Sie kommt von uns allen. Harrison. Ted. Sally. Frank.« David drehte sich zu den Yuggenheims um. »Auch von Craig und seiner Familie. Und von allen hier Anwesenden. Und auch von dem Herrn, der dort im Eingang steht.«

Alle Anwesenden drehten sich um und starrten Noah an, der mit einem Finger an der Mütze salutierte, so daß alle applaudierten.

»Was ist Führungskraft, fragen Sie? Einer meiner Lieblingsprofessoren, Warren Bennis, hat es einmal so ausgedrückt: Er sagte, daß jeder Dinge richtig tun kann, aber es bedarf der Führungskraft, damit alle Menschen motiviert werden, die richtigen Dinge zu tun. Und der Erfolg unseres Projekts zeigt, daß wir die richtigen Dinge getan haben und daß wir sie gut getan haben. Gute Nacht, und allen vielen Dank.«

David verließ das Podium und kehrte unter lautem Applaus, der zu einer stehenden Ovation wurde, an seinen Platz zurück. Dann bemerkte er, daß Noah nicht mehr in der Eingangstür stand. David blieb nicht an seinem Platz stehen, sondern ging zu einem Seitenausgang und eine Treppe hinunter, die sich am anderen Ende der Bühne befand. Dann eilte er durch den Seiteneingang hinaus.

41

Jeder kann ein erfolgreicher Projektmanager sein

David eilte durch leere Korridore, bis er den Haupteingang des Hotels fand, wo er den alten Mann mit der vertrauten Fischermütze erblickte. Hinter ihm zog eine angenehm riechende Rauchwolke her. Gerade öffnete der Mann die Beifahrertür eines Taxis.

Von hinten ergriff David Noahs Arm und rief: »Hab' ich Sie doch noch erwischt, Sie komischer Kauz.«

Noah deutete dem Taxifahrer an, daß er weiterfahren solle, und David lockerte seinen Griff ein wenig.

»Und wohin soll die Reise gehen, Noah?«

»Irgendwohin, wo es mir gefällt. Ich bin nämlich ein freier Mensch, wissen Sie.«

»Hören Sie, dieses Projekt wäre niemals so erfolgreich verlaufen, wenn Sie nicht gewesen wären. Das meine ich ehrlich«, sagte David.

»Danke für die Komplimente, aber Sie haben es allein geschafft, mein Freund, nicht ich.«

»Natürlich habe ich es allein geschafft«, stimmte David

zu. »Nein, das nehme ich zurück. Wir haben es alle geschafft. Zusammen. Ich. Sie. Der gesamte Mitarbeiterstab. Die Yuggenheims. Alle. Aber Sie haben mir das nötige Wissen gegeben: die vier Geheimnisse.«

»Ich habe Ihnen nicht das Wissen gegeben. Ich habe Sie ein wenig angeleitet und ein paar Vorschläge gemacht. Aber das Wissen hatten Sie schon die ganze Zeit über.«

»Okay, wenn Sie darauf bestehen«, sagte David frustriert. »Ich hatte das Wissen bereits die ganze Zeit. Aber Sie haben mir geholfen zu erkennen, daß ich das Wissen hatte. Sie haben mir das Selbstbewußtsein gegeben, damit ich es in die Tat umsetzen konnte. Sie waren da...«

»War ich das?« Noah schaute sich um und zog an seiner Pfeife.

»Wenn ich es mir so recht überlege, haben Sie mich immer in der letzten Minute verlassen – vielleicht sogar im Stich gelassen. Warum, Noah? Warum?«

»Jeder muß schließlich mit seinen Herausforderungen allein fertig werden, David. Und die eine Person, auf die Sie sich verlassen und auf die Sie zählen können, sind Sie selbst«, erklärte Noah.

»Ich wußte, daß es einen Grund geben mußte. Natürlich, das ist es. Schließlich sind alle Projektmanager auf sich gestellt. Es kommt auf sie an. Noah, bitte, kommen Sie mit in den Ballsaal des Hotels. Ich werde Sie allen vorstellen. Sie werden viel Spaß haben. Und ich verspreche, daß ich Sie nicht in Verlegenheit bringen werde.«

Noah zuckte die Achseln.

»Großartig! Los, gehen wir.« Zusammen gingen Sie in den Ballsaal zurück. Als David als erster den Saal betrat, schlug ihm jemand kräftig auf die Schulter. Überrascht drehte er sich um und erblickte Craig Yuggenheim.

»Junger Mann«, nuschelte Craig, »ich habe da ein Projekt für Sie. Ein riesiges Projekt, das viel anspruchsvoller als das letzte ist.«

»Klingt großartig, Sir. Aber zuerst möchte ich Ihnen jemanden vorstellen.«

»Natürlich. Aber wen?« fragte Mr. Yuggenheim erstaunt.

David drehte sich um und sah, daß sein Freund bereits wieder verschwunden war. »Noah? Wo sind Sie? Noah?« Er bemerkte, daß Craig ihm einen merkwürdigen Blick zuwarf. »Wovon sprachen wir gerade, Sir?«

»Ich habe ein großes Projekt für Sie. In Übersee, im Regenwald des Amazonas, aber eine gute Gelegenheit für einen jungen...«

Während Craig weiterredete, tat David so, als ob er zuhörte. Noah, wo sind Sie? Sie haben es schon wieder getan. Dann erinnerte er sich an das, was Noah gerade gesagt hatte. Schließlich müssen alle Projektmanager allein mit ihren Herausforderungen fertig werden. Außerdem hatte er ja Noahs Telefonnummer. Sicherlich gab es eine Telefonverbindung vom Amazonas aus, so daß er Freephone-NOAH anrufen konnte. Für den Notfall.

»Kein Problem, Mr. Yuggenheim. Ich nehme diese Herausforderung an, nein, ich begrüße sie voller Begeisterung«, erklärte David mit einem breiten Lächeln auf dem Gesicht.

»So ist's recht«, erwiderte Craig und versetzte Davids Schulter noch einen kräftigen Schlag. »Wir wollen zurück zu den anderen gehen.«

Zooauflösungsprojekt: Projekthandbuch

Inhaltsverzeichnis

I. Einleitung

Vorwort

Dieses Handbuch dient Ihnen als Nachschlagewerk für dieses Projekt. Sie können darin schriftliche Anmerkungen machen und zusätzliches Material hinzufügen. In erster Linie soll es zur Beantwortung von Fragen und zur Klärung von strittigen Punkte dienen.

Das Buch enthält fünf Abschnitte: Einleitung, Planung, Organisation, Kontrolle und Verschiedenes. Eine Liste aller Punkte unter jedem Abschnitt finden Sie in der Inhaltsangabe.

Obwohl Sie regelmäßig Aktualisierungen für dieses Handbuch erhalten werden, ist es Ihre Aufgabe, es auf dem neuesten Stand zu halten. Sie sind auch dafür verantwortlich, sich an die in diesem Buch enthaltenen Verfahrens- und Vorgehensweisen zu halten.

Wenn Sie irgendwelche Vorschläge zum Inhalt haben, nehmen Sie bitte mit mir Kontakt auf.

David Michaels
Projektmanager

II. Planung

Vereinbarungserklärung

Hauptziel:

Dieses Projekt trägt den Namen Zooauflösungsprojekt. Das Ziel ist, den Zoo völlig zu demontieren, so daß das Gelände für die Übergabe an die Habeas Corporation zur Verfügung steht.

Zur Auflösung gehört der völlige Abbau aller stehenden Käfige, der Gehege und der Nebengebäude. Dazu zählen jedoch nicht die Bürogebäude 3-17, 3-18, 3-19 und 3-20. Alle anderen Bürogebäude sollen abgerissen werden.

Alle Tiere müssen wegtransportiert werden, ohne daß ihnen Schaden zugefügt wird. Es bleiben keine Tiere auf dem Gelände.

Ziele:

Diese Ziele müssen erreicht werden, bevor das Projekt als vollendet gilt:

- Fertigstellung in zehn Monaten vom 25. Oktober dieses Jahres an
- Die Ausgaben dürfen $ 2,5 Millionen Dollar nicht überschreiten.

Aufgaben:

- Es bleibt kein Gebäude stehen außer denen, die in dieser Vereinbarungserklärung näher bezeichnet sind.
- Es verbleiben keine Tiere, die bisher in diesem Zoo gelebt haben, auf dem Gelände.

Zuständigkeiten:

Der Zoodirektor wird folgende Verantwortungsbereiche haben:

1. Er ist der direkte Verbindungsmann zur Familie Yuggenheim.
2. Er hat die Gesamtleitung dieses Projektes unter sich.
3. Er besucht hin und wieder Mitarbeiter-, Kontroll- und Lagebesprechungen.
4. Er stellt sicher, daß Mitarbeiter mit den nötigen Fähigkeiten zur Verfügung stehen.
5. Er benennt die Mitglieder des Kernteams.

Der Projektmanager ist für folgende Bereiche zuständig:

1. Entwicklung eines Projektplans
2. Durchführung des Projektplans
3. Koordination mit den Subunternehmen
4. Beschaffung der nötigen Geräte und Versorgungsmaterialien
5. Sorge für die entsprechenden tierärztlichen Dienste
6. Transport der Tiere aus dem Zoo und Suche nach Stellen, die sie übernehmen werden
7. Beschaffung von Futter für die Tiere
8. Handhabung der tatsächlichen Umsiedlung der Tiere
9. Durchführung aller Aufgaben, die der Direktor für die erfolgreiche Vollendung des Projektes für nötig hält

David Michaels
Projektmanager

Harrison Farnsworth
Zoodirektor

Arbeitsgliederungsstruktur

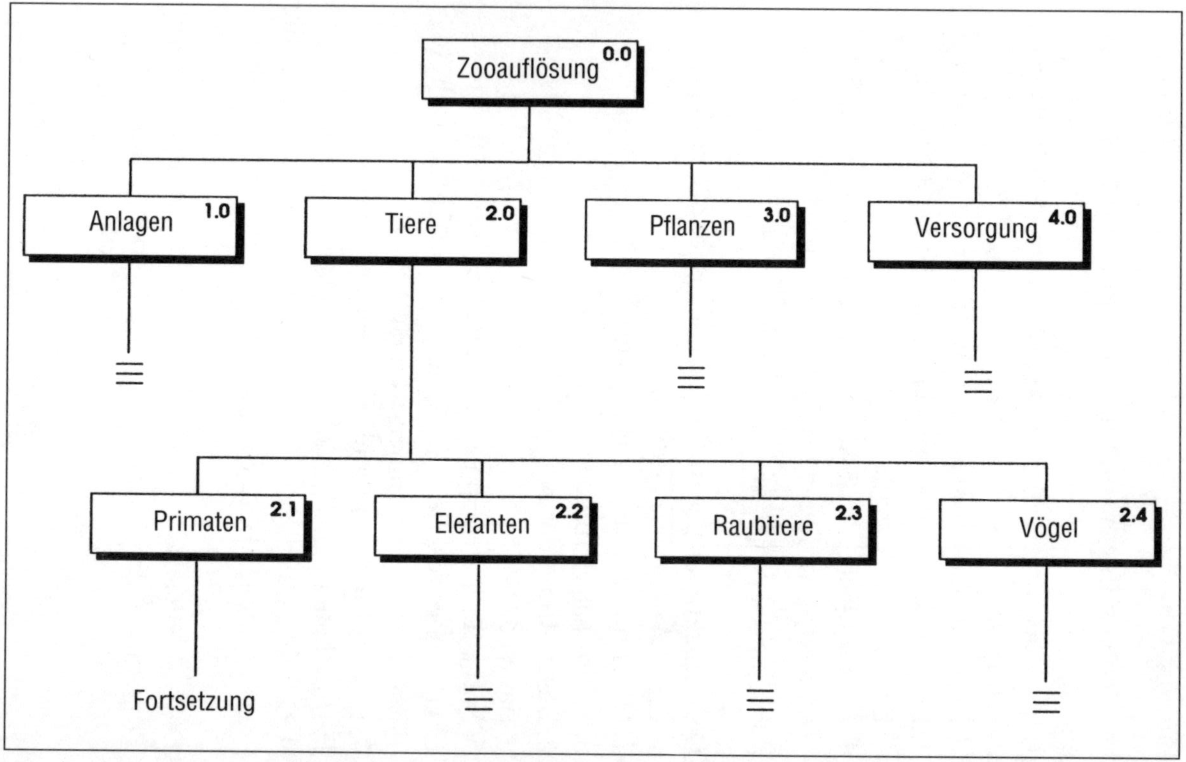

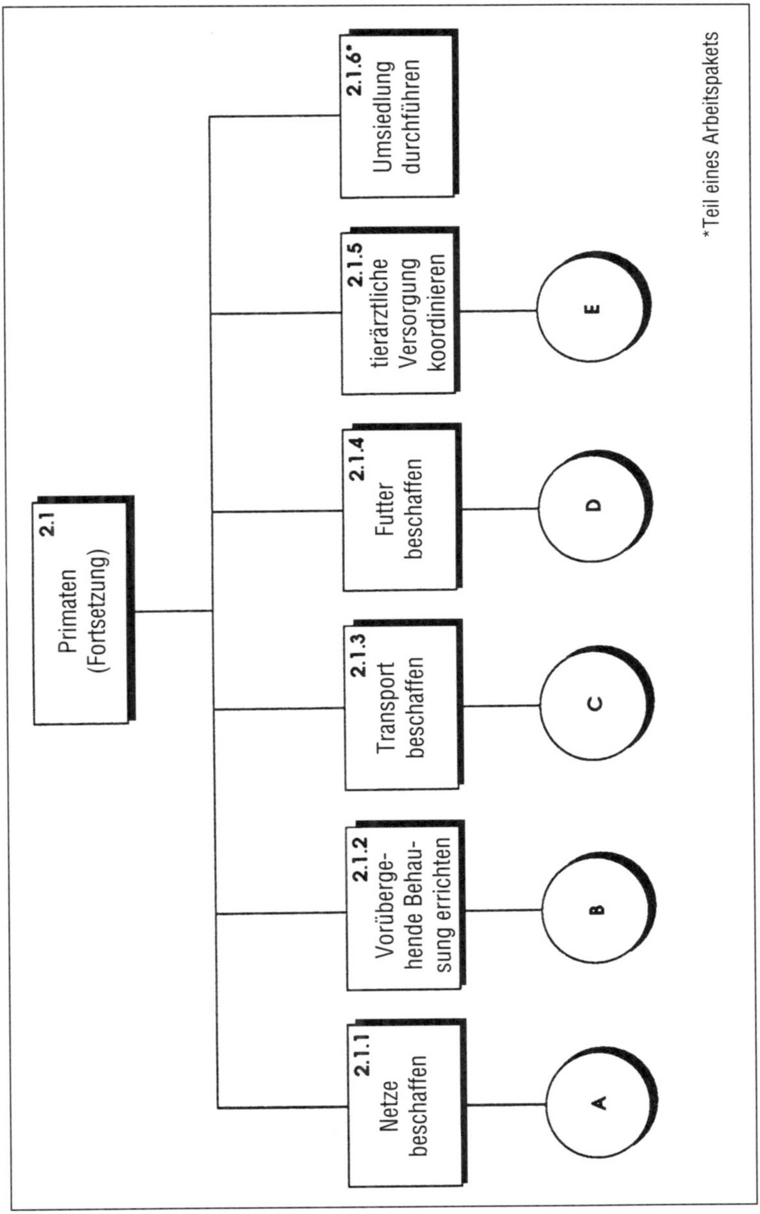
2.1
Primaten (Fortsetzung)
2.1.1
Netze beschaffen
2.1.2
Vorüberge-hende Behau-sung errichten
2.1.3
Transport beschaffen
2.1.4
Futter beschaffen
2.1.5
tierärztliche Versorgung koordinieren
2.1.6*
Umsiedlung durchführen
A
B
C
D
E
*Teil eines Arbeitspakets

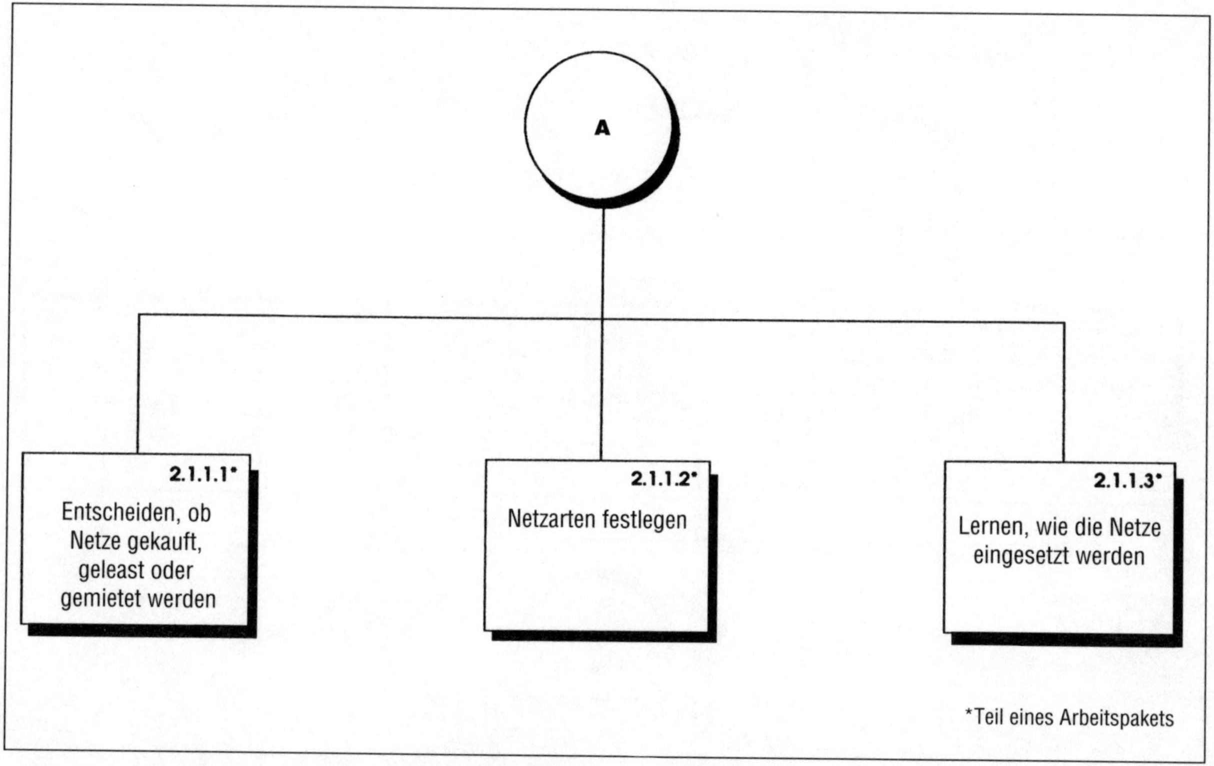
A
2.1.1.1*
Entscheiden, ob Netze gekauft, geleast oder gemietet werden
2.1.1.2*
Netzarten festlegen
2.1.1.3*
Lernen, wie die Netze eingesetzt werden
*Teil eines Arbeitspakets

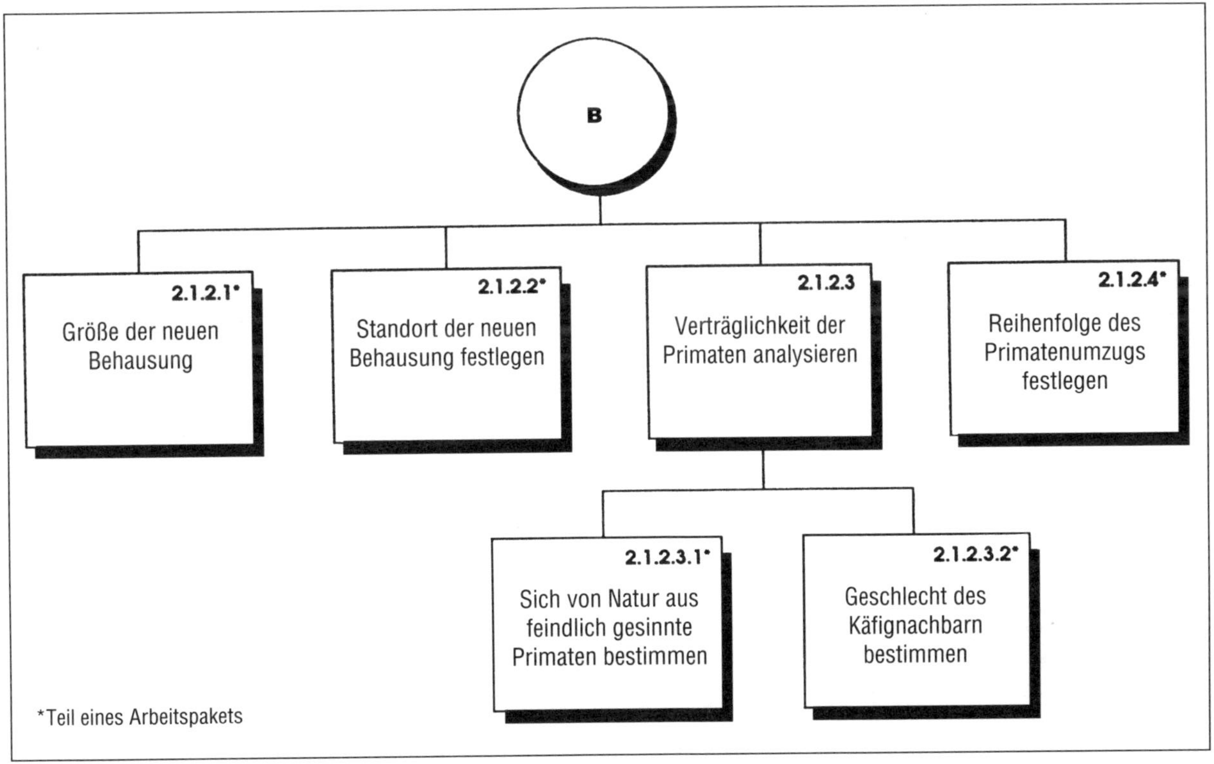
B
2.1.2.1*
Größe der neuen Behausung
2.1.2.2*
Standort der neuen Behausung festlegen
2.1.2.3
Verträglichkeit der Primaten analysieren
2.1.2.4*
Reihenfolge des Primatenumzugs festlegen
2.1.2.3.1*
Sich von Natur aus feindlich gesinnte Primaten bestimmen
2.1.2.3.2*
Geschlecht des Käfignachbarn bestimmen
*Teil eines Arbeitspakets

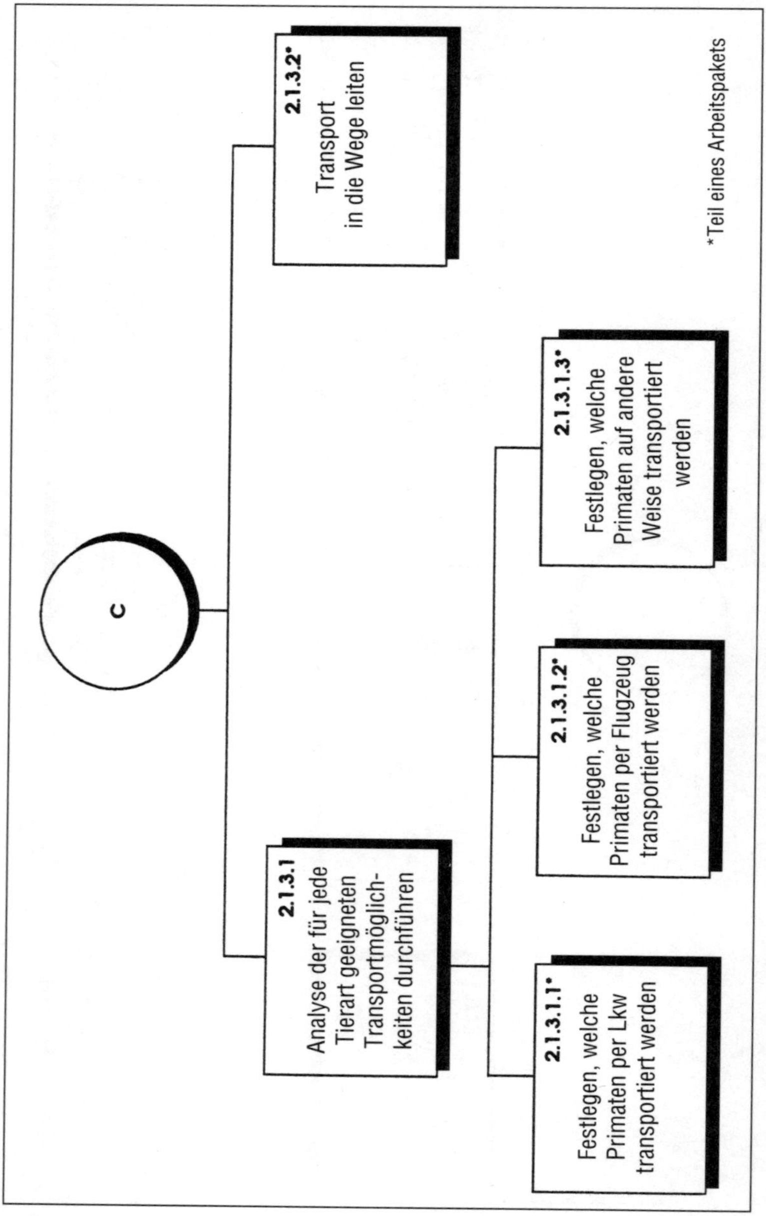
C
2.1.3.1
Analyse der für jede Tierart geeigneten Transportmöglichkeiten durchführen
2.1.3.2*
Transport in die Wege leiten
2.1.3.1.1*
Festlegen, welche Primaten per Lkw transportiert werden
2.1.3.1.2*
Festlegen, welche Primaten per Flugzeug transportiert werden
2.1.3.1.3*
Festlegen, welche Primaten auf andere Weise transportiert werden
*Teil eines Arbeitspakets

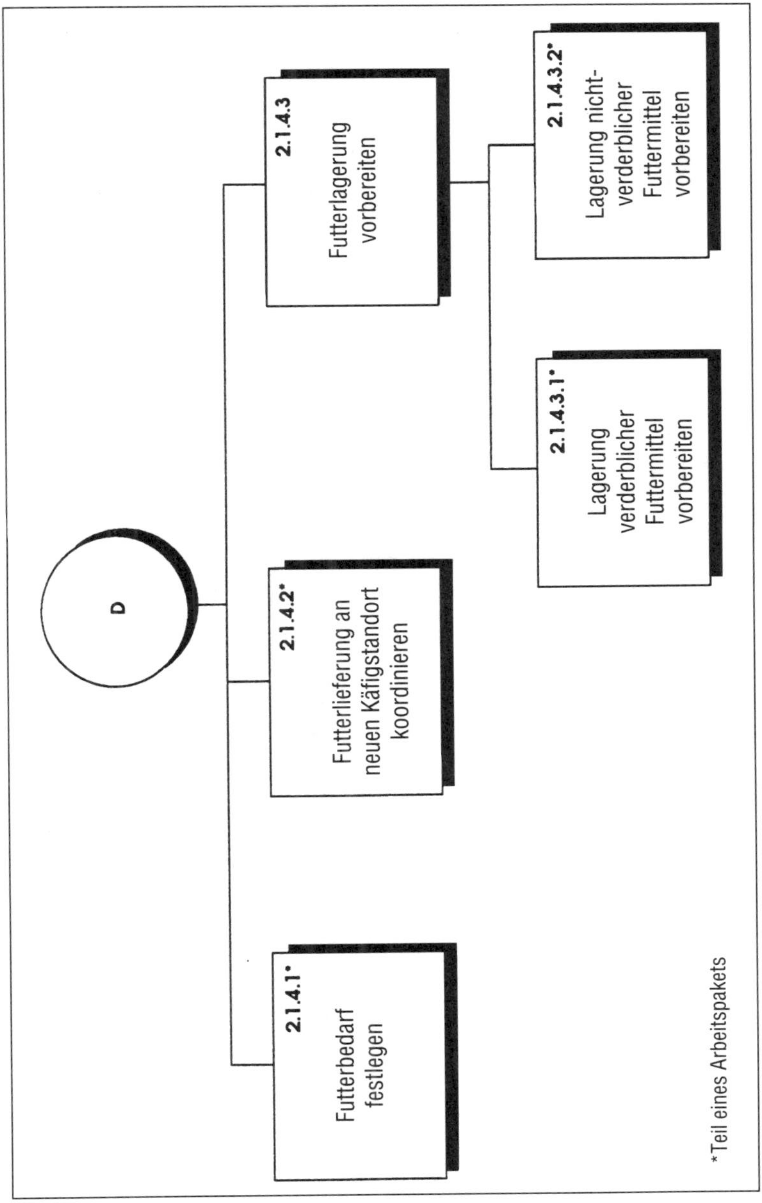
D
2.1.4.1*
Futterbedarf festlegen
2.1.4.2*
Futterlieferung an neuen Käfigstandort koordinieren
2.1.4.3
Futterlagerung vorbereiten
2.1.4.3.1*
Lagerung verderblicher Futtermittel vorbereiten
2.1.4.3.2*
Lagerung nicht-verderblicher Futtermittel vorbereiten
*Teil eines Arbeitspakets

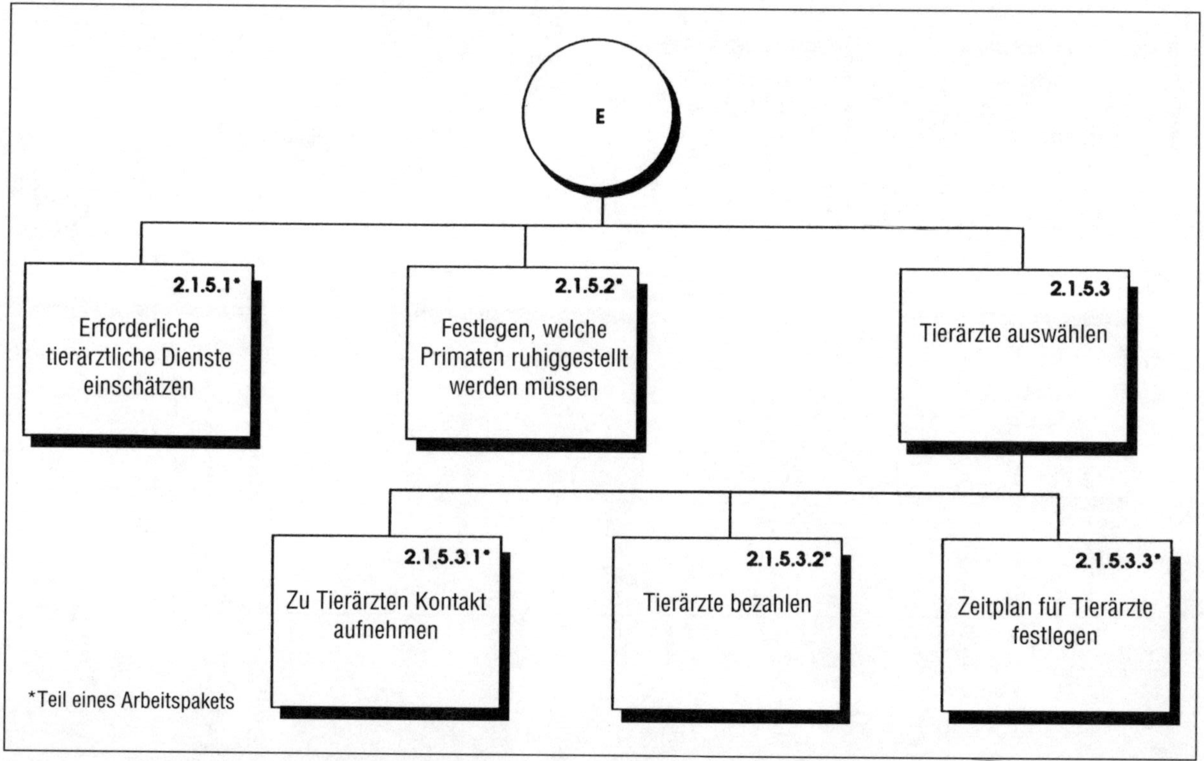
E
2.1.5.1*
Erforderliche tierärztliche Dienste einschätzen
2.1.5.2*
Festlegen, welche Primaten ruhiggestellt werden müssen
2.1.5.3
Tierärzte auswählen
2.1.5.3.1*
Zu Tierärzten Kontakt aufnehmen
2.1.5.3.2*
Tierärzte bezahlen
2.1.5.3.3*
Zeitplan für Tierärzte festlegen
*Teil eines Arbeitspakets

Zeitschätzungen (Stunden*) 7. Mai XXXX

Aktivitäts-Nr.	Optimistischste	Wahrscheinlichste	Pessimistischste	Erwartete Zeit*	Erwartete Zeit berichtigt**	Dauer bei 8 Std./Tag
2.1.1.1	4	16	22	15	17	3
2.1.1.2	17	22	28	22	24	3
2.1.1.3	7	9	15	10	11	2
2.1.2.1	3	5	10	6	6	1
2.1.2.2	8	9	21	11	12	2
2.1.2.3.1	5	7	22	9	10	2
2.1.2.3.2	1	3	18	5	6	1
2.1.2.4	16	22	33	23	25	1
2.1.3.1.1	18	19	25	20	22	3
2.1.3.1.2	7	9	11	9	10	2
2.1.3.1.3	15	17	30	19	21	3
2.1.3.2	22	23	30	24	26	4
2.1.4.1	16	17	23	18	20	3
2.1.4.2	35	39	40	39	43	6
2.1.4.3.1	5	10	20	11	12	2
2.1.4.3.2	8	16	18	15	17	3
2.1.5.1	5	10	15	10	11	2
2.1.5.2	17	21	39	23	25	4
2.1.5.3.1	20	30	40	30	33	5
2.1.5.3.2	17	19	28	20	23	3
2.1.5.3.3	10	20	35	21	23	3
2.1.6	35	37	40	37	41	6

* Auf ganze Zahlen aufgerundet
** Um 10%, um nichtproduktive Zeit aufzuwiegen

Tabelle

Beschreibung	Dauer (Tage)	Mai	Juni	Juli
2.1.1 Netze beschaffen	9			
2.1.2 Vorübergehende Behausung festlegen	10			
2.1.3 Transport buchen	7			
2.1.4 Für Futter sorgen	12			
2.1.5 Tierärztliche Dienste koordinieren	16			
2.1.6 Umzug durchführen	6			

Netzplan

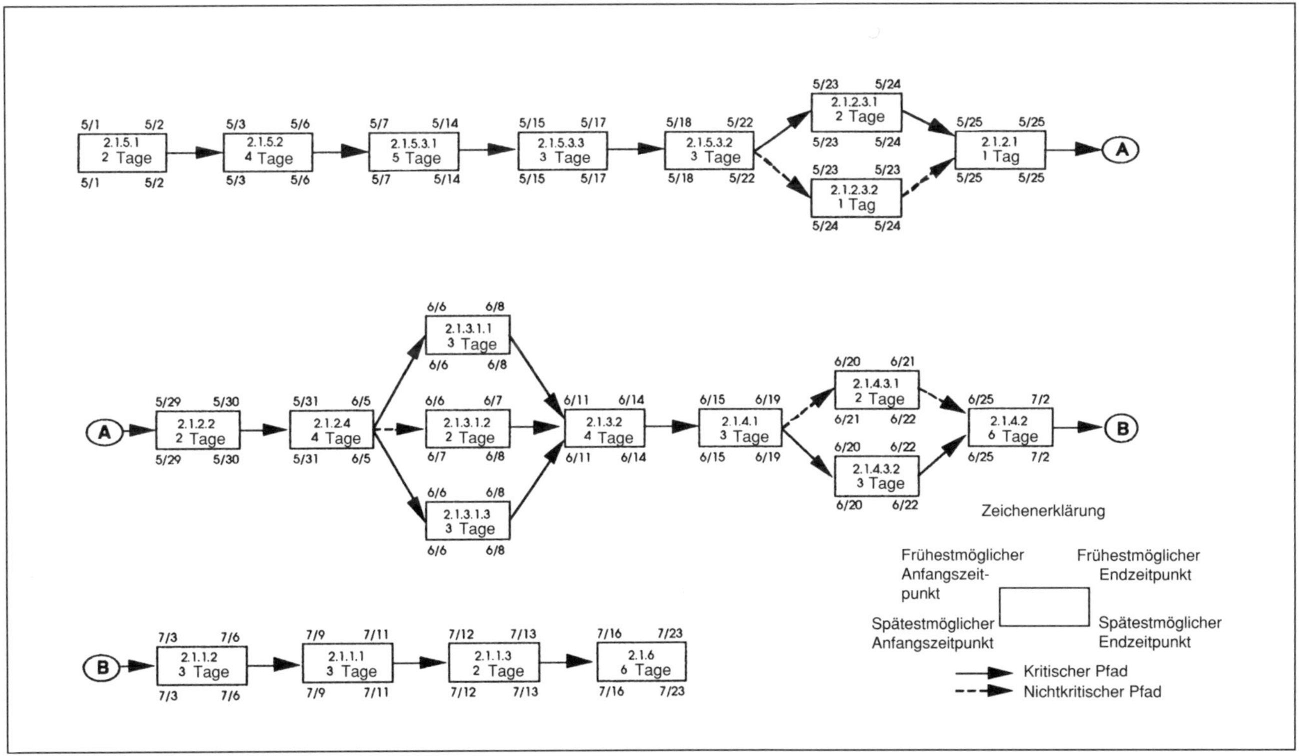
5/1 5/2 2.1.5.1 2 Tage 5/1 5/2
5/3 5/6 2.1.5.2 4 Tage 5/3 5/6
5/7 5/14 2.1.5.3.1 5 Tage 5/7 5/14
5/15 5/17 2.1.5.3.3 3 Tage 5/15 5/17
5/18 5/22 2.1.5.3.2 3 Tage 5/18 5/22
5/23 5/24 2.1.2.3.1 2 Tage 5/23 5/24
5/23 5/23 2.1.2.3.2 1 Tag 5/24 5/24
5/25 5/25 2.1.2.1 1 Tag 5/25 5/25
A
A
5/29 5/30 2.1.2.2 2 Tage 5/29 5/30
5/31 6/5 2.1.2.4 4 Tage 5/31 6/5
6/6 6/8 2.1.3.1.1 3 Tage 6/6 6/8
6/6 6/7 2.1.3.1.2 2 Tage 6/7 6/8
6/6 6/8 2.1.3.1.3 3 Tage 6/6 6/8
6/11 6/14 2.1.3.2 4 Tage 6/11 6/14
6/15 6/19 2.1.4.1 3 Tage 6/15 6/19
6/20 6/21 2.1.4.3.1 2 Tage 6/21 6/22
6/20 6/22 2.1.4.3.2 3 Tage 6/20 6/22
6/25 7/2 2.1.4.2 6 Tage 6/25 7/2
B
B
7/3 7/6 2.1.1.2 3 Tage 7/3 7/6
7/9 7/11 2.1.1.1 3 Tage 7/9 7/11
7/12 7/13 2.1.1.3 2 Tage 7/12 7/13
7/16 7/23 2.1.6 6 Tage 7/16 7/23
Zeichenerklärung
Frühestmöglicher Anfangszeitpunkt
Frühestmöglicher Endzeitpunkt
Spätestmöglicher Anfangszeitpunkt
Spätestmöglicher Endzeitpunkt
Kritischer Pfad
Nichtkritischer Pfad

Histogramm

Ralph Kinsmore

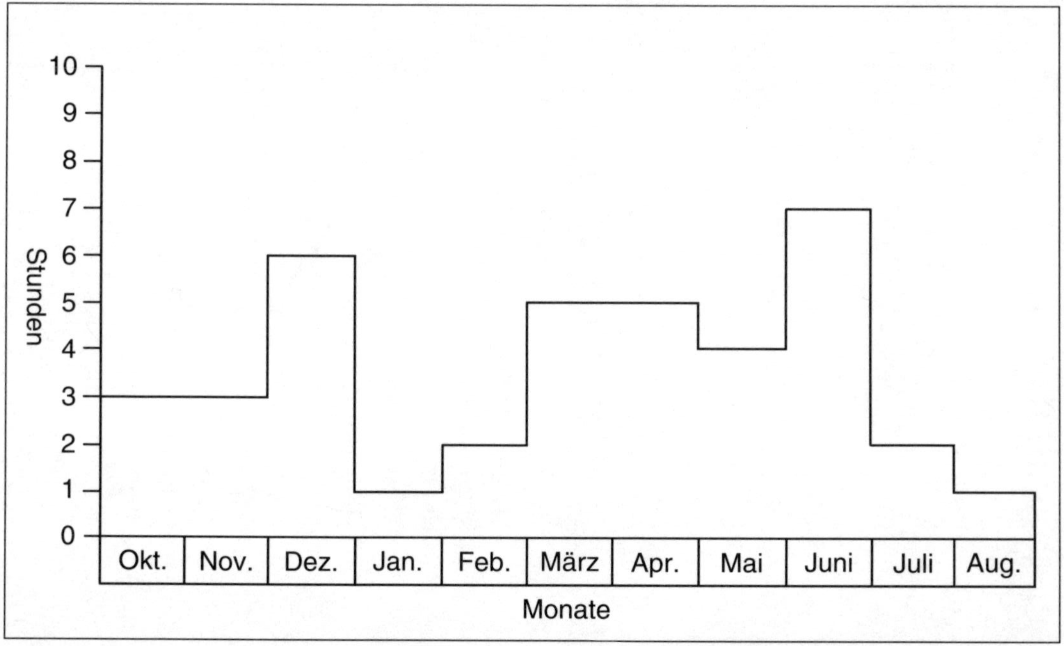

III. Organisation

Besprechungsplan

Art der Besprechung	Tag	Zeit Beginn	Zeit Ende	Ort	Kontaktperson
Checkpoint-Lage	Di	8 Uhr	9 Uhr	Raum A	D. Michaels
Lage	Fr	13.30	14.30	Raum B	D. Michaels
Mitarbeiter	Mo	8 Uhr	8.30	Raum A	D. Michaels

Checkpoint-Lagebesprechung: Tagesordnung

5. Juni XXXX

1. Beschreibung der Ereignisse, die zu der Besprechung führen
   – fehlende Wasserversorgung der Tiere
2. Diskussion darüber, was gut verlaufen ist und warum
   – Treffen mit Mitarbeitern der Versorgungsbetriebe, um die Wasserversorgung sicherzustellen
3. Diskussion von Problemen und Schwierigkeiten
   – Wie kann das Wasser zugeleitet werden, da die Hauptkontrollen zu früh abgebaut worden sind?
4. Diskussion darüber, wie die Probleme und Schwierigkeiten gelöst wurden
   – Verwendung von vorhandenen Wasserhydranten und aufgehängten Schläuchen
5. Identifizierung möglicher Kernfragen, Probleme und Schwierigkeiten, die während nachfolgender Arbeiten entstehen können
   – keine vorherzusehen
6. Besprechung anderer Probleme und Beobachtungen, die oben nicht erwähnt wurden
   – nicht zutreffend

Zuständigkeitsmatrix

Aktivität	Payne	Smith	Jones	Vincent	Johnson	Kinsmore	Heider	Maher	Smucker	Gratemore	Doolittle
2.1.1.1	X		X		X			X			X
2.1.1.2		X		X		X			X		
2.1.1.3			X		X		X	X			
2.1.2.1			X	X		X					X
2.1.2.2					X		X		X	X	
2.1.2.3.1			X								
2.1.2.3.2	X			X	X	X	X	X			
2.1.2.4		X				X	X		X	X	
2.1.3.1.1			X		X		X	X			X
2.1.3.1.2					X	X					
2.1.3.1.3			X		X						
2.1.3.2			X	X		X	X		X		X
2.1.4.1	X	X			X						
2.1.4.2						X	X	X		X	
2.1.4.3.1	X		X		X						X
2.1.4.3.2		X		X					X		
2.1.5.1	X				X	X		X			
2.1.5.2		X	X	X							
2.1.5.3.1	X				X	X					
2.1.5.3.2				X				X			X
2.1.5.3.3		X			X						
2.1.6	X		X			X			X		X

Vorgehensweise bei der Anforderung von Subunternehmen

Zweck: Obwohl die Projektpläne die meisten Subunternehmen für spezifische Aktivitäten berücksichtigen, sind Sie vielleicht der Meinung, daß die Pläne ein Subunternehmen mit spezifischen Kenntnissen nicht berücksichtigen. Sollte diese notwendig werden,

1. bereiten Sie eine Anfrage vor, die diese Punkte enthält:

   - Tagesdatum
   - Ihr Name, Standort und Telefonnummer
   - Name des Subunternehmens, Standort und Telefonnummer
   - Grund für die Dienste der Vertragsfirma
   - Ausmaß der gewünschten Dienste, beispielsweise Maschinenstunden
   - Aktivitäten im Zeitplan, die diese Dienste erforderlich machen
   - Geschätzte Kosten der Dienstleistungen
   - Ihre Unterschrift
   - Initialen Ihres Projektleiters,

2. leiten Sie zwei Kopien der Anfrage an den Projektmanager weiter, der sie überprüfen und ihr entweder zustimmen, sie ablehnen oder die Anfrage auf Eis legen wird.

Formular für die Anforderung von Subunternehmen

Datum: 5. August XXXX

Name des Anfragenden: Cindy Vincent

Standort: Gebäude 3-20

Telefon-Nr.: 923-XXXX *Posteingang:* C 4

Grund für die Dienste des Subunternehmens: Zusätzlicher Mitarbeiterbedarf, um die Tiere aufgrund der Zeitplanverknappung zu impfen

Ausmaß der gewünschten Dienste: 30 Arbeitsstunden

Aktivitäten im Zeitplan, die diese Dienste erforderlich machen: 2.1.5

Geschätzte Kosten der Dienstleistungen: $ 600,00

Unterschrieben von: … *Nachfragende(r):* Cindy Vincent

Leiterin: Sally Payne

Zugestimmt von: …

Name des Managers: David Michaels

Organisationstabelle

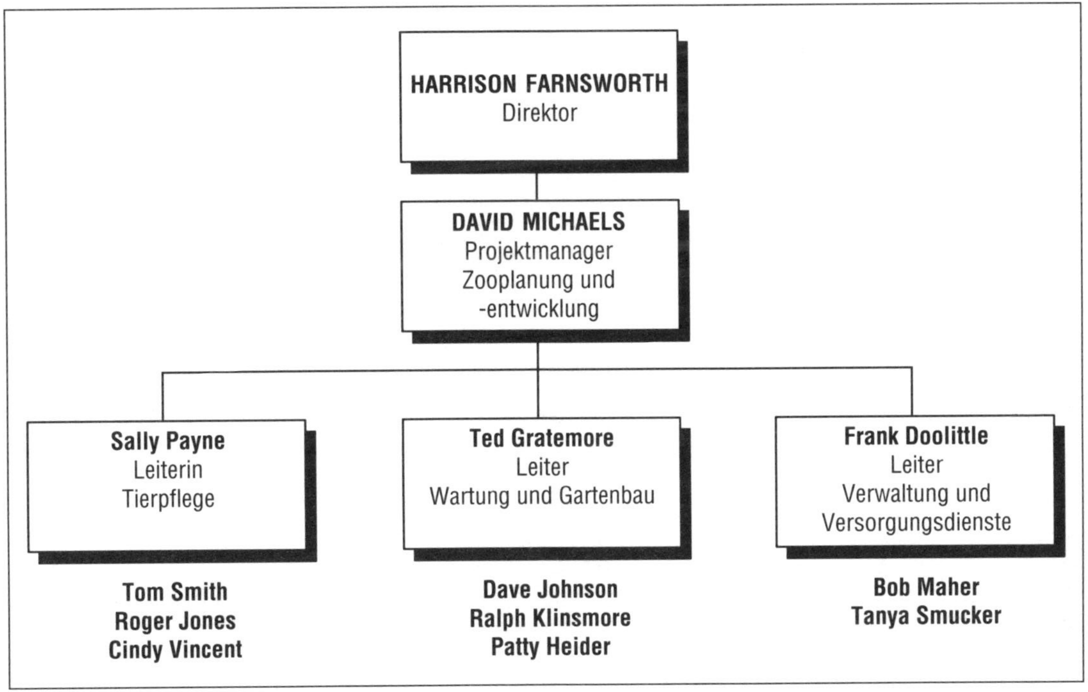

Berichtsformular für Probleme

Datum: 15.07.XX
Verfasser: Gratemore

Problembeschreibung:

Die Anzahl der vorhandenen Tiertransporteinheiten reichen nicht aus, um die Tiere termingerecht umzusiedeln.

Auswirkungen:

Es sind im Gelände keine Bereiche vorhanden, die die Tiere aufnehmen können. Die Tiere werden schutzlos sein und einen Schock bekommen.

Dringlichkeit:

Äußerst dringend.

Vorgeschlagene Lösungen:

1. Zusätzliche Transportmöglichkeiten nach Bedarf mieten oder leasen
2. Ein Subunternehmen von außen anmieten, um die Tiere zu transportieren, wenn diese Situation auftritt
3. Anfrage, ob die Anlage, die die Tiere aufnimmt, die notwendigen Transporteinheiten zur Verfügung stellen kann

Behebung des Problems bis: 18.07.XXXX

Formular für die tägliche Aktualisierung der Lage

Datum: 15.07.XX
Ausgefüllt von: Payne

Aktivitäts-Nr.	Dauer	Verbleibende Tage	Fertigstellung in Prozent	Tatsächlicher Anfang	Tatsächliches Ende
2.1.1.1	3				
2.1.1.2	3				
2.1.1.3	2				
2.1.2.1	1				
2.1.2.2	2				
2.1.2.3.1	2				
2.1.2.3.2	1				
2.1.2.4	4				
2.1.3.1.1	3				
2.1.3.1.2	2				
2.1.3.1.3	3				
2.1.3.2	4				
2.1.4.1	3				
2.1.4.2	6				
2.1.4.3.1	2				
2.1.4.3.2	3				
2.1.5.1	2	0	100	1.5.	2.5.
2.1.5.2	4	0	100	3.5.	6.5.
2.1.5.3.1	5	2	40	7.5.	
2.1.5.3.2	3				
2.1.5.3.3	3				
2.1.6	6				

Formular für die tägliche Nutzung der Ressourcen

Datum: 15.07.XX
Ausgefüllt von: Gratemore

Ressource	Menge	Aktivität	Kosten der Einheit ($/Stunde)	Dauer (Stunden)
Lkw	1	2.1.5.3.1	75	5
Software	1	alle	500 (einmalige Kosten)	

IV. Kontrolle

Notfallplanung

Situation:

Die Zoowärter streiken, um gegen die Auflösung des Zoos zu protestieren, wenn sie keine Garantie erhalten, daß sie von einer anderen Yuggenheim-Firma angestellt werden

Wahrscheinlichkeit:

Gering

Auswirkungen:

Proportionale Verschiebung des Abschlußdatums des Projektes während der Zeitdauer des Streiks

Mögliche Reaktionen:

Verschiebung des Abschlußdatums des Projektes oder Neuplanung, um den Verlust an Arbeitskräften zu kompensieren

Bericht Projektzeitplan (Ausgangspunkt)

Aktivitäts-Nr.	FAZ	FEZ	SAZ	SEZ	Pufferzeit
2.1.1.1	9.7.	11.3.	9.7.	11.7.	0
2.1.1.2	3.7.	6.7.	3.7.	6.7.	0
2.1.1.3	12.7.	13.7.	12.7.	13.7.	0
2.1.2.1	25.5.	25.5.	25.5.	25.5.	0
2.1.2.2	29.5.	30.5.	29.5.	30.5.	0
2.1.2.3	23.5.	24.5.	23.5.	24.5.	0
2.1.2.3.2	23.5.	23.5.	24.5.	24.5.	1
2.1.2.4	31.5.	5.6.	31.5.	5.6.	0
2.1.3.1.1	6.6.	8.6.	6.6.	8.6.	0
2.1.3.1.2	6.6.	7.6.	7.6.	8.6.	1
2.1.3.1.3	6.6.	8.6.	6.6.	8.6.	0
2.1.3.2	11.6.	14.6.	11.6.	14.6.	0
2.1.4.1	15.6.	19.6.	15.6.	19.6.	0
2.1.4.2	25.6.	2.7.	25.6.	7.2.	0
2.1.4.3.1	20.6.	21.6.	21.6.	22.6.	1
2.1.4.3.2	20.6.	22.6.	20.6.	22.6.	0
2.1.5.1	3.5.	6.5.	3.5.	6.5.	0
2.1.5.2	9.7.	11.7.	9.7.	11.7.	0
2.1.5.3.1	7.5.	14.5.	7.5.	14.5	0
2.1.5.3.2	18.5.	22.5.	18.5.	22.5.	0
2.1.5.3.3	15.5.	17.5.	15.5.	17.5.	0
2.1.6	16.7.	23.7.	16.7.	23.7.	0

FAZ: Frühestmöglicher Anfangszeitpunkt
FEZ: Frühestmöglicher Endzeitpunkt
SAZ: Spätestzulässiger Anfangszeitpunkt
SEZ: Spätestzulässiger Endzeitpunkt

Lagebericht Zeitplan (wöchentlich)

7. Mai XXXX

Aktivitäts-Nr.	Dauer (Tage)	Fertigstellung in Prozent	Aktueller FAZ	Aktueller FEZ	Aktueller SAZ	Aktueller SEZ	Tatsächlicher Anfang	Tatsächliches Ende	Pufferzeit (Tage)
2.1.1.1	3		9.7.	11.7.	9.7.	11.7.			0
2.1.1.2	3		3.7.	6.7.	3.7.	6.7.			0
2.1.1.3	2		12.7.	13.7.	12.7.	13.7.			0
2.1.2.1	1		25.5.	25.5.	25.5.	25.5.			0
2.1.2.2	2		29.5.	30.5.	29.5.	30.5.			0
2.1.2.3	2		23.5.	24.5.	23.5.	24.5.			0
2.1.2.3.2	1		23.5.	23.5.	24.5.	24.5.			1
2.1.2.4	4		31.5.	5.6.	31.5.	5.6.			0
2.1.3.1.1	3		6.6.	8.6.	6.6.	8.6.			0
2.1.3.1.2	2		6.6.	7.6.	7.6.	8.6.			1
2.1.3.1.3	3		6.6.	8.6.	6.6.	8.6.			0
2.1.3.2	4		11.6.	14.6.	11.6.	14.6.			0
2.1.4.1	3		15.6.	19.6.	15.6.	19.6.			0
2.1.4.2	6		25.6.	2.7.	25.6.	7.2.			0
2.1.4.3.1	2		20.6.	21.6.	21.6.	22.6.			1
2.1.4.3.2	3		20.6.	22.6.	20.6.	22.6.			0
2.1.5.1	2	100	3.5.	6.5.	3.5.	6.5.	1.5.	2.5.	0
2.1.5.2	4	100	9.7.	11.7.	9.7.	11.7.	3.5.	6.5.	0
2.1.5.3.1	5	40	7.5.	14.5.	7.5.	14.5	7.5.		0
2.1.5.3.2	3		18.5.	22.5.	18.5.	22.5.			0
2.1.5.3.3	3		15.5.	17.5.	15.5.	17.5.			0
2.1.6	6		16.7.	23.7.	16.7.	23.7.			0

Lagebericht Kosten (wöchentlich)
7. Mai XXXX

Aktivitäts-Nr.	Dauer (Tage)	Budget in 1000 $	Fertigstellung in Prozent	Tatsächliche Kosten in 1000 $ bisher	Tatsächliche Kosten in 1000 $ bei Fertigstellung	Abweichung in 1000 $
2.1.1.1	3	10				
2.1.1.2	3	18				
2.1.1.3	2	17.5				
2.1.2.1	1	11				
2.1.2.2	2	36				
2.1.2.3.1	2	23				
2.1.2.3.2	1	42				
2.1.2.4	4	3				
2.1.3.1.1	3	8				
2.1.3.1.2	2	23				
2.1.3.1.3	3	1				
2.1.3.2	4	0.75				
2.1.4.1	3	18				
2.1.4.2	6	1.08				
2.1.4.3.1	2	2				
2.1.4.3.2	3	2.75				
2.1.5.1	2	18	100	18.7	18.7	0.7
2.1.5.2	4	40	100	36	36	(4)
2.1.5.3.1	5	10	40	6	8	2
2.1.5.3.2	3	17				
2.1.5.3.3	3	13				
2.1.6	6	45				

V. Verschiedenes

Telefonverzeichnis

Name	Position	Gebäude	Posteingang	Telefon
Doolittle, Frank	Manager	3-18	A1	4131
Farnsworth, Harrison	Direktor	3-20	D3	3535
Gratemore, Ted	Manager	3-19	B3	7814
Heider, Patty	Gärtnerin	3-19	B5	8880
Johson. Dave	Buchhalter	3-20	C1	7641
Jones, Roger	Zoologe	3-19	B4	8459
Kinsmore, Ralph	Zoowärter	3-20	C2	4213
Maher, Bob	Aufseher	3-19	B2	2431
Micheals, David	Manager	3-20	D1	3636
Payne, Sally	Managerin	3-20	C5	5555
Smith, Tom	Arbeiter	3-19	B1	7654
Smucker, Tanya	Zoowärterin	3-20	C3	8101
Vincent, Cindy	Rechtsanwältin	3-20	C4	7766

Layout der Projekttafel

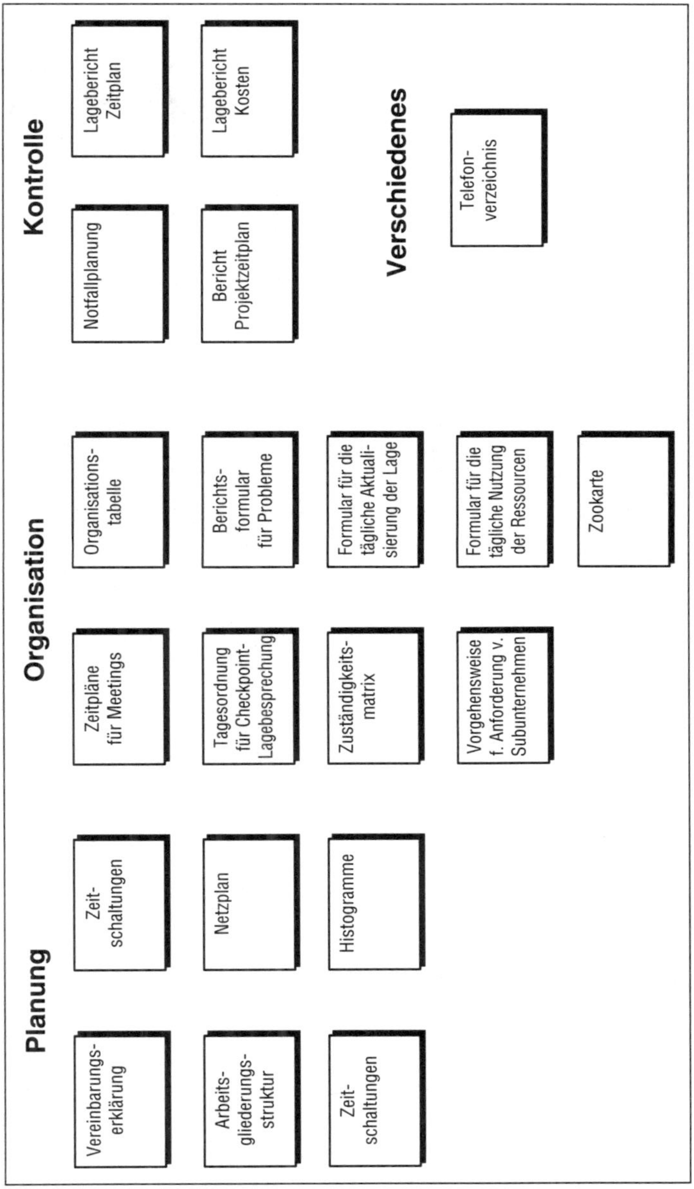

Karte des Zoogeländes

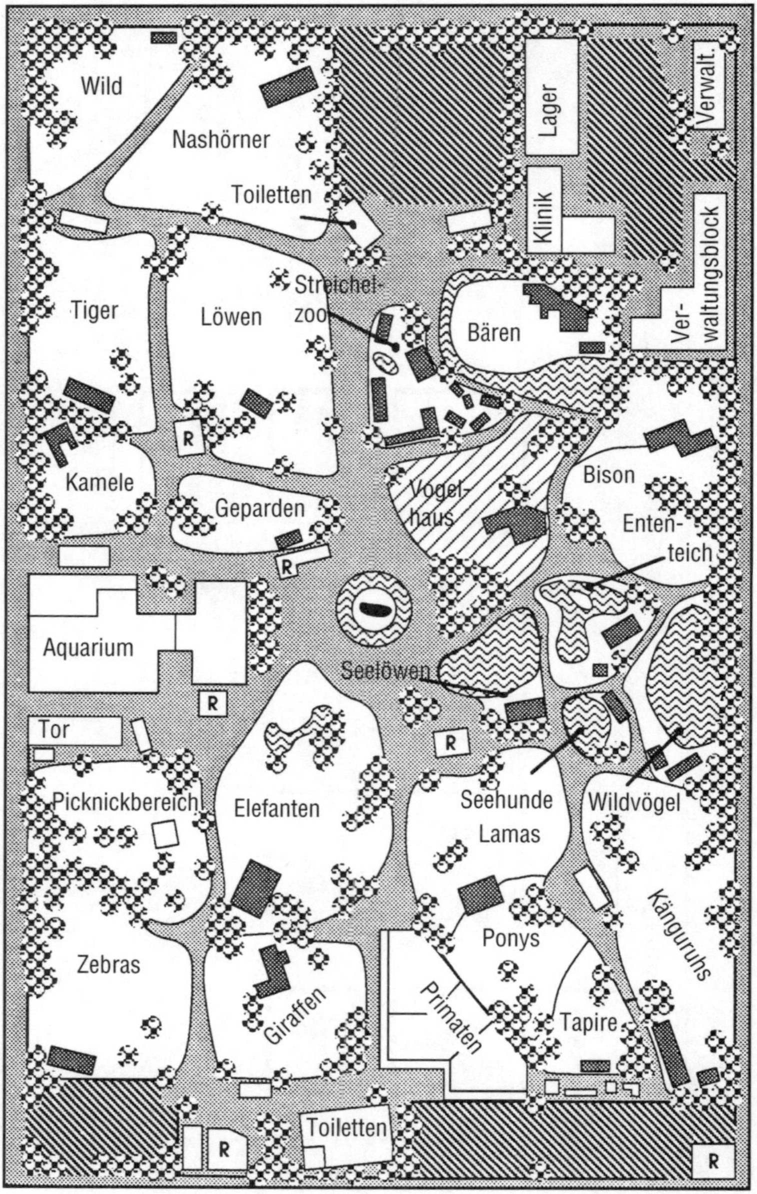